Winfried
Bornemanns Briefmacken II

GOLDMANN VERLAG

Der Goldmann Verlag
ist ein Unternehmen der Verlags-
gruppe Bertelsmann

Made in Germany · 3/88 · 1. Auflage
Genehmigte Taschenbuchausgabe
© 1983 by Fackelträger Verlag GmbH, Hannover
Fotos: Peter Kinschek, Osnabrück
Umschlaggestaltung: Design Team München
Druck: Presse-Druck Augsburg
Verlagsnummer: 8963
CG/Herstellung: Ludwig Weidenbeck
ISBN 3-442-8963-8

Ein gepflegtes Dankeschön für die Unterstützung an:

Michael Forster
Ronald Geyer
Siegfried Liebrecht
Rolf Lüke
Roland Mohrmann
Alfred Piepmeyer
Jochen Piepmeyer
Roger Schulte
Peter Seifried

und allen Beantwortern meiner unsinnigen Briefe

Kühl lagern. Bis 1992 wird Lesbarkeit garantiert, dann allmählicher Zeilenverfall. Buch darf nicht vererbt werden (§ 16 Erbmassegesetz).

INHALTSVERZEICHNIS

I. BRIEFE AUS DEM LUSTSCHLOSS

1. Konsalik 6
2. Strauß – Friedensnobelpreis 8
3. Ägypten – Pyramide 10
4. Atomstrom 12
5. Pershing 15
6. Baghwan 19
7. Patentex oval 21
8. Krankenhaus 23
9. Model Pool 27
10. Graf Lambsdorf 29
11. Kartoffeln – Augen 31
12. Samenspende 33
13. Schimmelkäse 37
14. Uhrzeigersinn 39
15. Margret Thatcher 41
16. Durchschnittsdeutscher 43
17. Uneheliches Kind 45
18. Streik Italien 52
19. OPEC – Erdöl 54
20. Gard-Haarstudio 56
21. Statisten-Theater 60
22. Bundesverdienstkreuz 62

II. WER IST ALFRED PIEPMEYER?

23. Offene Stelle 68
24. Sonntagsfahrer 71
25. Dr. Norbert Blüm 73
26. Besteigung des Brocken (Harz) 75
27. Mikroprofessor 77
28. Mauser-Werke – Waffen 79
29. Lebkuchen 81
30. Pudelmütze 83
31. Zahnfleisch 85
32. Rechnungsprüfung 87

III. WIE BEWERBE ICH MICH RICHTIG?

33. Indianer – Karl-May-Festspiele 90
34. Nationalgalerie – Wächter 92
35. Kundenkontakter 94
36. Kanzlerkandidat 96

IV. ERFUNDENE ERFINDUNGEN

37. Glühwürmchen 98
38. Cola-Fanta-Automat 100
39. Zwillingspuppen 102

V. AKTION HEIERMANN

40. Willy Brandt 104
41. Alice Schwarzer 106
42. Walter Scheel 108

VI. AUS DER POSTFLUT

43. Grünschnäbel-Karneval 112
44. Stiftung Spazierengehen 113
45. Dr. Kohnen/Antarktis 114
46. Dr. Edmund Dräcker 115
47. Mafia 116
48. Fernuniversität Hagen 118
49. Brief an den Leser 120
50. Günter Wallraff 121

ZUGABEN

51. Wein für Diabetiker 112
52. Kohlepapier 124
53. Kaffeefilter 126
54. Bundesnachrichtendienst 128

Briefe

Sebastian Le Clerc delineav.
Johanna Sybilla Kräusin fecit
Jeremias Wolff excudit
Augustæ Vindelicorum.

aus dem Lustschloß

12.3.83

Heinz G. Günther/Heinz G. Konsalik
Siefenhovener Str. 27
5340 Bad Honnef 6

Sehr geehrter Herr Konsalik,

ich habe eben mal in Knaurs Prominentenlexikon nachgeschlagen und dort gefunden, daß Sie Ihren letzten Roman "Dame mit eigenem Wagen" im Jahre 1979 herausgebracht haben. Demnach kann ich davon ausgehen, daß Sie im Herbst 83 wohl wieder mit einer Veröffentlichung anstehen werden. Das paßt mir überhaupt nicht in den Kram, und ich will Ihnen auch sagen warum. Zum gleichen Zeitpunkt werden meine Briefmacken II erscheinen und ich hoffe insgeheim, daß sie ein Erfolg sein werden. Nun wissen wir beide aber, daß die Leute meist erst Ihre Neuerscheinungen kaufen, so daß mein Buch wohl weitgehend unbeachtet bleiben wird. Deshalb würde ich mich freuen, wenn Sie erst 84 ein neues Werk herausbringen würden. Ich meine auch, daß viele Menschen Ihre Bücher noch gar nicht ganz durchgelesen haben, so daß Sie sich ruhig Zeit lassen sollten.
Es würde mich sehr freuen, wenn Sie meinen Vorschlag akzeptieren könnten. Die ganzen Buchmärkte gehen kaputt, wenn sich die Autoren nicht besser absprechen.

Mit besten Grüßen

P.S. Falls sich Ihr Buch doch schon im Druck befinden sollte, wäre ich Ihnen sehr dankbar, wenn Sie mir schon mal den Titel mitteilen würden. Ich hätte dann schon ein Geschenk für meine Schwester.

HEINZ G. KONSALIK
ELISABETHENHOF
D-5340 BAD HONNEF 6

25.3.1983

Mein lieber, großer Kollege Bornemann,

48 Stunden vor meinem Abflug nach China - wo ich nur eben mal nachsehen will, ob man dort Konsalik deutlich in die Schaufenster der Buchhandlungen stellt - will ich Ihnen auf Ihren erschütternden Brief vom 12.3. antworten.

Seien Sie gewiß ... Ihre an eine griechische Tragödie erinnernde Klage hat die tiefsten Falten meines Herzens ausgefüllt und eine wahre Erschütterung hinterlassen.

Natürlich ist mir klar, daß Ihr neues Buch ein Kulturereignis ersten Ranges sein wird, das zumindest für die nächsten Jahrzehnte das literarische Gesicht unserer Zeit maßgebend beeinflussen kann. Aus dieser Erkenntnis heraus habe ich sofort meine sämtlichen Verleger im In-und Ausland, von Island bis Neuseeland, von Finnland bis Feuerland (und es sind immerhin 43 Verleger) mit Fernschreiben dringend gebeten, in diesem Jahr keinen Konsalik zu bringen, um der Bornemann'schen Heilsbotschaft nicht im Wege zu stehen.

Abgesehen davon, daß es für Antworten noch zu früh ist, da die Verleger diesen Schock erst überwinden müssen, und ich also noch keine positiven Reaktionen melden kann, befürchte ich, daß einige Verleger ihre besten Ärzte nach Deutschland einfliegen lassen werden, um mich zu untersuchen. Aber auch das werde ich überstehen in Anbetracht des großen kulturellen Auftrags, den Sie mir weitergegeben haben und der jedes Opfer wert ist.

Warten wir also ab, was sich da in den nächsten Wochen alles tun wird... aber auch wenn es nicht möglich sein sollte, die Konsalik- Produktion anzuhalten - denken Sie an einen Hochofen : Wenn er ausgeht, wie schwer ist es, ihn wieder anzublasen !- ich selbst werde mit großem Eifer Ihr epochales Werk verfolgen und jedem sagen : Wer Bornemann nicht kennt, braucht Konsalik gar nicht erst zu lesen !

Zufrieden ? Wir Kollegen müssen eben fest zusammenhalten - das ist es !

Viel Glück wünsche ich Ihnen für Ihr einmaliges zeitdokumentarisches Werk, das in die Rocktasche jedes denkenden Menschen gehört wie ein Scheckbuch.

Mit den besten Grüßen
I h r

PS.: Zur Information für Ihre liebe Schwester : Es ist tatsächlich ein neues Buch im Druck, das -falls wir es nicht stoppen können (siehe oben) im September erscheint und " Ein Kreuz in Sibirien " heißt. Bei Bertelsmann kommt's 'raus ....

𝔚infried 𝔅ornemann
𝔉illerschloss

14.1.83

An die
Bayrische Staatskanzlei
Herrn Ministerpräsident Strauß
Postfach
8 MÜNCHEN 22

Betr.: Friedensnobelpreis

Sehr geehrter Herr Ministerpräsident Strauß,

bei einem internen politischen Frühschoppen mit Freunden kamen wir zwangsläufig auch auf Ihre Person zu sprechen. Dabei stellte ein "Grüner" die infame Behauptung auf, daß Sie vom Konsul Weyer den Friedensnobelpreis hätten angeboten bekommen.
Ist an dieser Sache was dran? Ich bitte herzlichst um Auskunft!

Mit besten Grüßen

Winfried Bornemann

WINFRIED BORNEMANN   FILLERSCHLOSS   4504 GEORGSMARIENHÜTTE

Der Bayerische Ministerpräsident

8000 München 22   **3. Feb. 1983**
Prinzregentenstraße 7
Tel. (089) 2 16 51 · FS 05-23 809

Herrn
Winfried Bornemann
Fillerschloß

BMPr.-Am.

4504 Georgsmarienhütte

Sehr geehrter Herr Bornemann!

Für Ihren Brief vom 14. Januar danke ich Ihnen. Man kann
immer wieder nur den Kopf schütteln über gewisse Kreise
des sogenannten Linkskartells, die selbst die absurdesten
und dümmsten Lügen nicht scheuen, wenn es um meine Person
geht. Ich bitte Sie, auf eine solche Agitation nicht her-
einzufallen. Die ganze Behauptung ist frei erfunden und
erlogen. Wenn Sie mir eine gerichtsverwendbare Eidesstatt-
liche Erklärung darüber geben, werde ich gerichtliche
Schritte gegen den Verleumder unternehmen.

                               Mit freundlichen Grüßen

Kommentar einer
Personalie
im STERN 15/1983:

Strauß war verborgen geblieben, daß es sich bei Winfried Bornemann um einen bekannten Witzbold handelt, der seit Jahren Prominente und Behörden mit phantasievollen Briefen bombardiert, um ihre Reaktion darauf zu testen.

8.3.83

WINFRIED BORNEMANN · FILLERSCHLOSS · 4504 GEORGSMARIENHÜTTE

Botschaft der Arabischen Republik Ägypten
z.Hd. Herrn Botschafter Ali Sirry
Kronprinzenstr. 2
53 BONN 2

Sehr geehrter Herr Botschafter, seine Excellenz,

ich hoffe, Sie werden mich verstehen. Ich bin Kaufmann und habe es im Laufe
der letzten 25 Jahre zu einem ganz ansehnlichen Vermögen gebracht. Viele
meiner Geschäftsreisen haben mich auch in Ihr Land geführt, und ich gebe unumwunden zu, daß ich eine große Sympathie für Ihr Land und seine Kultur hege.
Inzwischen habe ich den Lebensabschnitt begonnen, wo man sich hin und wieder
auch mal Gedanken macht, was passieren wird, wenn man von der Lebensbühne
abzutreten hat. In diesem Zusammenhang hat sich bei mir der Wunsch verdichtet, mal in einer der großen Pyramiden Ihres Landes beigesetzt zu werden,
die mich als Kaufmann und Touristen so oft haben innerlich erbeben lassen. Ich
habe mich an Ort und Stelle davon überzeugen können, daß noch genügend Platz
für meine Überreste vorhanden ist. Deshalb möchte ich auf diesem offiziellen
Wege einmal bei Ihnen anfragen, welche Formalitäten und Kosten mit diesem
meinem Wunsch verbunden wären. Außerdem interessiert mich die Frage, ob es
unter bestimmten Umständen auch möglich sein wird, mich zu mumifizieren. Auf
diese Weise wäre es meiner Familie auch später einmal freigestellt, mich wieder
nach Deutschland zu überführen.
Bitte teilen Sie mir doch einmal die Gedanken Ihres Hauses zu dieser Frage mit.

Mit besten Grüßen

*Botschaft
der
Arabischen Republik Ägypten*

Herrn
Winfried Bornemann
Fillerschloß

45o4 Georgsmarienhütte

27.4.83

Sehr geehrter Herr Bornemann,

wir danken Ihnen für Ihr freundliches Schreiben vom 8.3.83, in welchem Sie Ihr Interesse an einer Bestattung in einer ägyptischen Pyramide bekunden.

Wir bedauern Ihnen mitteilen zu müssen, daß die Pyramiden sich nicht in einem Zustand befinden, der für die Aufbewahrung von sterblichen Überresten geeignet wäre.

Was Ihr Wunsch nach einer Mumifizierung betrifft, so müssen wir Sie auch hierin enttäuschen. Man ist bis heute noch nicht dem Geheimnis unserer Vorfahren, ihre Verstorbenen zu mumifizieren, auf die Spur gekommen. Es werden zwar vielerlei Versuche gemacht, aber bisher ohne endgültiges Ergebnis.

Wir bedauern sehr, Ihnen keine positive Auskunft geben zu können und verbleiben,

mit freundlichen Grüßen

A.-H. Ismail
Gesandter

Winfried Bornemann jun.

5.3.83

Vereinigung Deutscher
Elektrizitätswerke e.V.
Stresemannallee 23
6000 Frankfurt 70

Betr.: <u>Eigener Atomstrom</u>

Sehr geehrte Damen und Herren,

einem Fernlehrgang der Deutschen Studiengemeinschaft in Darmstadt und ein wenig eigenem know how darf ich es verdanken, daß ich den nächsten Monaten wohl so weit sein werde, eigenen Atomstrom zu erzeugen. Die Hauptschwierigkeit bestand nur darin, ein wenig angereichertes Uran zu bekommen, aber da haben mir ein paar Beziehungen geholfen. Ich habe in erster Linie daran gedacht, meine eigenen Anlagen zu versorgen, eine Einspeisung ins öffentliche Netz ist vorerst von mir nicht vorgesehen. Von einem Bekannten habe ich nun gehört, daß man eine besondere Genehmigung benötigt, um eigenen Atomstrom zu erzeugen. Ist diese Information richtig? Außerdem würde mich noch die Frage interessieren, ob es wohl erlaubt sein wird, die abgebrannten Uranstäbe in den Mülleimer zu werfen, da ich vorerst noch Probleme mit der Wiederaufbereitung habe?

Mit besten Grüßen

Winfried Bornemann

VEREINIGUNG DEUTSCHER ELEKTRIZITÄTSWERKE | VDEW

HAUPTGESCHÄFTSSTELLE

Telefon: (0611) 6304-1
Fernschreiber: 411 284
Draht: Eltvereinigung
Bankkonto: 971 911
Dresdner Bank AG Ffm
(BLZ 500 800 00)
Postscheck: 7456-608 Ffm
(BLZ 500 10 060)

Gleitende Arbeitszeit:
Kernzeit von 9.00 - 15.00 Uhr

Stresemannallee 23
Postfach 700 947
6000 Frankfurt 70

Herrn
Winfried Bornemann
Fillerschloß

4504 Georgsmarienhütte

Ihr Zeichen	Ihre Nachricht vom	Unser Zeichen	☎ bei Durchwahl	Datum
	05. 03. 1983	Tr/Pi 228.91	(0611) 6304- 237	29. März 1983

Betr.: Eigener Atomstrom

Sehr geehrter Herr Bornemann,

Sie haben sich mit der Verwirklichung einer Heim-Kernstromerzeugungsanlage zweifelsohne viel vorgenommen. Abgesehen vom technischen und sicher auch kommerziellen Problem bei der Verwirklichung einer solchen Kleinanlage sind selbstverständlich umfangreiche rechtliche Vorschriften zu beachten.

In Beantwortung Ihres Schreibens teilen wir Ihnen mit, daß Sie gemäß der Verordnung des Bundesministers für Wirtschaft vom 21. Juni 1979 der "Verordnung über allgemeine Bedingungen für die Elektrizitätsversorgung von Tarifkunden" vor der Errichtung einer Eigenanlage dem zuständigen Elektrizitätsversorgungsunternehmen Mitteilung zu machen haben. Sie müßten sicherstellen, daß von Ihrer Eigenanlage keine schädlichen Rückwirkungen in das öffentliche Elektrizitätsversorgungsnetz möglich sind. Außerordentlich umfangreich sind die zu beachtenden gesetzlichen Vorschriften, wenn Sie diese Eigenanlage auf der Basis Kernenergie errichten wollen.

Zunächst dürfte es sicherlich für Sie bedauerlich sein, daß Sie an dem von Ihnen erworbenen Uran leider gemäß Art. 86 des Euratomvertrages kein Eigentum erwerben können; das Eigentumsrecht steht vielmehr allein der Gemeinschaft zu. Wir müssen Sie auch darauf hinweisen, daß gem. § 5 Abs. 2 AtG außerhalb der staatlichen Verwahrung niemand Kernbrennstoffe in unmittelbarem Besitz haben darf, es sei denn, daß er die Kernbrennstoffe mit der jeweils erforderlichen Genehmigung nach § 6 AtG aufbewahrt, in einer nach § 7 AtG genehmigten Anlage, z. B. in Ihrem privaten Kernrkraftwerk verarbeitet oder nach § 4 AtG berechtigt befördert. Es wäre deshalb sicherlich ratsam, sich bei den zuständigen Behörden um die entsprechende Genehmigung zu bemühen. Dabei gehen wir davon aus, daß Sie Ihr privates Kernkraftwerk noch nicht errichtet haben, da Sie ansonsten gemäß § 46 AtG mit einer Geldbuße von bis zu 100.000 DM zu rechnen haben. Vom unerlaubten Betreiben Ihrer Anlage müssen wir Ihnen ganz dringend abraten, weil dies gemäß § 327 StGB eine Freiheitsstrafe von bis zu 5 Jahren nach sich ziehen würde.

- 2

Empfänger	Winfried Bornemann, Fillerschloß, Georgsmarien-	Zeichen	Zum Schreiben vom
		Tr/Pi	29. März 1982
Betr.:	Eigener Atomstrom hütte		Seite 2

VDEW

Wir wünschen Ihnen bei Ihren Bemühungen um eine Errichtungsgenehmigung nach § 7 AtG alles Gute, befürchten aber, daß Sie ähnliche Schwierigkeiten wie die kernkraftwerksbetreibenden Unternehmen unseres Verbandes haben werden. Im Rahmen des sehr komplizierten Genehmigungsverfahrens nach der Atomrechtlichen Verfahrensverordnung müssen Sie leider damit rechnen, daß Ihnen von engagierten Kernenergiegegnern deren ablehnende Haltung zur friedlichen Nutzung der Kernenergie auf die Weise zur Kenntnis gebracht wird, daß man Ihr privates Eigentum demoliert oder Ihre körperliche Integrität in verschiedener Hinsicht beeinträchtigt; mit derlei Mißhelligkeiten muß man heutzutage leider bei uns zulande rechnen. Obwohl wir Ihr Anwesen nicht kennen, müssen Sie u. E. überprüfen, ob der zur Verfügung stehende Raum zur Aufnahme des umfangreichen Schriftverkehrs der zahlreichen Gutachten und der Genehmigungsurkunden überhaupt ausreicht.

Auch bei Lagerung abgebrannten Kernmaterials - im Falle des von Ihnen ins Auge gefaßten Kleinstreaktors dürfte es sich nicht um Uranstäbe handeln - sind sehr strenge Vorschriften zu beachten, deren Einhaltung im übrigen auch international überwacht wird. Wir verweisen Sie auf Art. 77/81 des Euratomvertrages und auf den Vertrag über die Nichtverbreitung von Kernwaffen vom 01. 07. 1968, der von der Bundesrepublik am 04. 06. 1974 ratifiziert wurde. Danach besteht die Verpflichtung, Sicherheits- und Überwachungsmaßnahmen durch die internationale Atomenergieorganisation (IAEO) durchführen zu lassen. Die von Ihnen angesprochene Beseitigung radioaktiven Abfalls im Mülleimer brächte Ihnen gem. § 326 StGB eine Freiheitsstrafe von bis zu 3 Jahren ein.

Sie sehen aus Vorstehendem, daß "small" keineswegs immer einfach und "beautiful" ist.

Sollten Sie an weiteren Informationen zur friedlichen Nutzung der Kernenergie interessiert sein, möchten wir Sie auf die entsprechende Dokumentation der Bundesregierung verweisen, die demnächst in dritter Auflage durch das Bundesministerium für Forschung und Technologie herausgegeben wird.

Mit freundlichen Grüßen
VEREINIGUNG DEUTSCHER ELEKTRIZITÄTSWERKE
- VDEW - e. V.

i. A.

(Dr. Trenkler)

WINFRIED BORNEMANN · FILLERSCHLOSS · 4504 GEORGSMARIENHÜTTE

Verteidigungsministerium
Hardthöhe

5300 B O N N

25.2.82

Betr.: Stationierung von Pershing-Raketen auf meinem Grundstück

Sehr geehrte Herren,

den führenden deutschen Tageszeitungen habe ich entnommen, daß es Schwierigkeiten mit der Stationierung von Pershing _ Raketen auf deutschem Boden gibt.
Als Staatsbürger, der die Bedrohung aus dem Osten ernst nimmt, halte ich es für
meine Pflicht, Sie auf die Möglichkeit einer Stationierung von derartigen Waffen-
systemen auf meinem Grundstück aufmerksam zu machen. Ich will nicht verhehlen, daß
mein eigenes Sicherheitsbedürfnis mir diesen ungewöhnlichen Schritt leichter macht.
Der ungewöhnlich dichte Baumbestand auf meinen Anlagen (ca. 40 ha) sorgen für
eine angemessene natürliche Tarnung der Raketen. Bitte prüfen Sie diesen Vorschlag
ensthaft und lassen Sie mich umgehend wissen, wie Sie sich entschieden haben.

Mit freundlichem Gruß

Der Bundesminister der Verteidigung
Fü S III 1

Bonn, 30. April 1982
☎ (02 28) 12- 95 56

Herrn
Winfried Bornemann
Fillerschloß

4504 Georgsmarienhütte

Betr.: Stationierung von PERSHING-Raketen auf Ihrem Grundstück
Bezug: Ihr Brief vom 25. Februar 1982, bei mir eingegangen am 15. April 1982

Sehr geehrter Herr Bornemann!

Ich danke Ihnen für Ihren Brief vom 25. Februar 1982 und die darin ausgedrückte Unterstützung für die sicherheitspolitischen Belange der Bundesrepublik Deutschland.

In der Tat berichtet die deutsche Presse ausführlich über die mit dem NATO-Doppelbeschluß verbundenen Einzelprobleme. Sie haben diesen Berichten aber auch entnehmen können, daß die PERSHING II - Systeme in Standorten der Bundesrepublik Deutschland disloziert werden sollen, in denen sich heute schon Raketensysteme befinden.

Ihr Angebot, Ihr ca. 40 ha großes Gelände für verteidigungswichtige Projekte zur Verfügung zu stellen, ist interessant. Ich wäre Ihnen daher dankbar, wenn Sie für eine ernsthafte Prüfung gegebenenfalls einen Grundbuchauszug und eine Katasterkarte 1:5000 zur Verfügung stellen könnten.

...

Da Sie sich mit sicherheitspolitischen Fragen beschäftigen, lege ich Ihnen zwei Broschüren bei, die sich mit spezifischen sicherheitspolitischen Fragen befassen.

Mit freundlichen Grüßen
Im Auftrag

personalien

Briefschreiber: Bornemann

Winfried Bornemann, 37, Hauptschullehrer in Georgsmarienhütte bei Osnabrück und Versender hintersinniger Briefe an Behörden (STERN Nr. 10/1982), hat sich in einem Schreiben an das Bundesverteidigungsministerium anheischig gemacht, ein privates Grundstück für die Stationierung von Pershing-Raketen zur Verfügung zu stellen. »Ich will nicht verhehlen«, heißt es in Bornemanns Juxbrief, »daß mein eigenes Sicherheitsbedürfnis mir diesen ungewöhnlichen Schritt leichter macht.« Ein Beamter des Ministeriums (Abteilung Fü S III) nahm die Offerte offenbar ernst und ließ den Lehrer – noch vor dem Bonner Machtwechsel – wissen: »Ihr Angebot, Ihr ca. 40 ha großes Gelände für verteidigungswichtige Projekte zur Verfügung zu stellen, ist interessant. Ich wäre Ihnen daher dankbar, wenn Sie für eine ernsthafte Prüfung gegebenenfalls einen Grundbuchauszug und eine Katasterkarte 1 : 5000 zur Verfügung stellen könnten.«

Stern 49/82

FRAKTION DER SPD

IM DEUTSCHEN BUNDESTAG

Herrn Winfried Bornemann

Fillerschloß

4504 Georgsmarienhütte

Fernsprecher 16/4711
Die Wahl dieser Rufnummer vermittelt
den gewünschten Hausanschluß.
Kommt ein Anschluß nicht zustande,
bitte Nr. 161 (Bundeshaus-Vermittlung)
anrufen.

5300 Bonn·Bundeshaus
den 1. April 83

Sehr geehrter Herr Bornemann,

bezüglich Ihrer Bereitschaft, auf Ihrem Privatgelände in Georgsmarienhütte die Stationierung von Raketen zuzulassen, darf ich Ihnen mitteilen, daß Sie langsam mit entsprechenden Vorbereitungen beginnen müssen. Wie ich aus gewöhnlich gutunterrichteten Kreisen der Hardthöhe höre, wird Ihnen bald eine Sammlung von Verordnungsblättern zugehen, aus denen die Maße, Gewichte und sonstigen Angaben der bei Ihnen zu stationierenden Systeme hervorgehen. Die Ihnen entstehenden Kosten können Sie entweder direkt über die "Flurschäden-Verordnung" oder indirekt über Steuerfreibeträge nach § 87 "Althausmodernisierung" absetzen. In diesem Zusammenhang darf ich Sie davon unterrichten, daß ich Sie (privat) für das Bundesverdienstkreuz vorgeschlagen haben.

Mit freundlichem Gruß

15.3.83

Winfried Bornemann jun.

BHAGWAN SHREE
Rajneesh Center
Oregon
U S A

Bhagwan Shree Rajneesh, geb. 11.12.
1931 in einem kleinen Dorf in Mittelindien, Studium, Professor für Philosophie und Religionswissenschaft an den Universitäten Raipur und Jabalpur, Niederlegung der Professur 1966, Vortragsreisen durch Indien, seit 1974 in Poona.

Seit seiner Erleuchtung im Alter von 21 Jahren widmet Bhagwan sein Leben *einem* Ziel: Bewußtmachung, Verwirklichung der wahren menschlichen Möglichkeiten der vielen Tausenden, die zu ihm kommen. Der Shree Rajneesh Ashram in Poona ist die größte spirituelle Kommune der Welt und gleichzeitig das größte Zentrum für Wachstums- und Selbsterfahrungsgruppen.

Dear Bhagwan,

only one sentence:

when should i come to YOU?

it would be possible to leave my home next month.
I hope to hear of you soon.

With best wishes

Winfried Bornemann

Western - Germany

4504 Georgsmarienhütte Jittoschloss

RAJNEESH FOUNDATION INTERNATIONAL

Jesus Grove, Rajneeshpuram, Oregon 97741, USA
(503) 489-3301

March 31, 1983
902:rit:sug

Winfried Bornemann
　Fillerschloss
4504 Georgsmarienhütte
WEST GERMANY

Beloved Winfried,

Love.

Thank you for your letter of March 15 to Bhagwan.

You are welcome to come and visit. Enclosed is our flyer with details of the various programs available.

We look forward to seeing you.

His blessings,

Ma Anand Sheela
President

enc.

Winfried Bornemann
Fillerschloss

25.1.81

Geschäftsleitung

PATENTEX GmbH.

Postfach

6000 FRANKFURT 1

Betr.: Patentex-oval /Verwechselung

Sehr geehrte Herren,

es gibt Briefe, die würde man lieber nicht schreiben. Dieser gehört dazu. Was ist mir das peinlich. Nun denn. Beginnen wir hemmungslos:

Meine Kenntnisse über Verhütungsmittel stammen aus der Zeit, als ich bei der Bundesmarine war. Eigentlich kannten wir nur eins, das von uns zusammen mit Kamm und Taschentuch die "Landgängerausrüstung" genannt wurde. In der Uniformjacke war extra ein kleines Täschchen für die "Dinger" vorgesehen. Das reichte. Damit kam man durchs Leben. Verwechselungen waren ausgeschlossen. Ganz anders heute. Verhütungsschaum gut und schön. Ist ja sicher auch ganz sinnvoll. Aber doch nur, wenn das Licht anbleibt.

Haben Sie denn nicht daran gedacht, daß es auch noch Menschen gibt, die ganz normal das Licht ausmachen und es anschließend auch aus lassen? Wir gehören dazu. Jetzt ahnen Sie sicher schon, was passiert ist. Genau.

Meine Freundin hat in der Dunkelheit danach das Schaumovulum Ihres Hauses mit meinem Rasierschaum verwechselt. Geschäumt hat beides. Weh getan soll es auch nicht haben.......Aber....wenn ich nun Vater werde? Sie werden sich rausreden. Kann ich eigentlich in diesem Falle meine Hausratsversicherung in Anspruch nehmen? Sie werden es wissen. Reklamationen kommen doch immer mal vor.

Mit versöhnlichem Gruß und ein bißchen Schaum vorm Mund

WINFRIED BORNEMANN FILLERSCHLOSS 4504 GEORGSMARIENHÜTTE

Bis zur Beantwortung bleibt der Brief mein Eigentum-Gerichtsstand Osnabrück

Patentex
Gesellschaft m.b.H.

Marschnerstraße 8–10
6000 Frankfurt (Main) 1
Telefon (0611) 554307

Patentex-Gesellschaft m.b.H. · Marschnerstr. 8-10 · 6000 Frankfurt (Main) 1

Herrn
Winfried Bornemann
  Fillerschloß

4504 Georgsmarienhütte

9. Februar 1981
Schm/s

Sehr geehrter Herr Bornemann,

vielen Dank für Ihr Schreiben vom 25.1.1981, mit dem Sie uns über Ihre damalige Situation informierten. Sicher ist richtig, daß auch in Sachen Liebe nicht alles uniform zugeht, denn das wäre doch langweilig! Die von Ihnen beschriebene Verwechslung können wir beim besten Willen nicht nachvollziehen, oder gibt es in der Zwischenzeit einen Rasierschaum in Zäpfchenform? Hier vielleicht noch ein Tip für zukünftige lichtlose Episoden: die Verwendung von Patentex oval muß nicht unmittelbar vor dem Verkehr erfolgen, da die Wirkung des Präparates nach dem Einführen mindestens für 1 Stunde besteht.

Nachdem uns nicht bekannt ist wie gut Sie mit Ihrem Versicherungsfachmann stehen, können wir Ihre Frage nur dahingehend beantworten, daß alle Versicherungen dann zögern, wenn es einen Schadensfall zu regulieren gibt.

Mit freundlichen Grüßen
PATENTEX GESELLSCHAFT MBH

HRB Nr. 6488 Amtsgericht Frankfurt (M)
Geschäftsführer:
Dr. Rolf D. Beutler, Ulrich R. Schmidt
Deutsche Bank AG., Frankfurt (M) Konto 340/1270
Postscheckkonto Frankfurt 18355-608
Telex: 414031

18.1.83

Franziskus Hospital
Harderberg

4504 Georgsmarienhütte 4

Sehr geehrte Damen und Herren,

als Mensch mit strammer Gesundheit muß ich zugeben, daß ich bisher selten ein
Krankenhaus von innen gesehen habe. Bei der knappen Besuchszeit von Freunden
ist mir lediglich in Erinnerung, wie die Patienten im frisch gemachten Bett
und umgeben von Nelken und Hohem C der Genesung entgegenfieberten. Alles war
steril und freundlich. Alles Fassade.

Ich will nicht länger mit meinem Anliegen hinter dem Berge halten.
Neulich hat mein Schulfreund Peter Kluwe -hier soll ruhig Roß und Reiter genannt werden - mir zugesteckt, daß nach der Besuchszeit in Ihrem Hause so
einiges los ist.

So scheint es eine bewiesene Tatsach ezu sein, daß in der letzten Woche in Ihrem
Hause ein Patient, obwohl er schon ans Bett gefesselt war, anschließend noch
umgelegt wurde. Sie haben richtig gehört. Er wurde umgelegt.

Ich möchte diesen Fall nicht gleich an die, große Glocke hängen und der hiesigen
Presse übergeben, sondern erst einmal Ihre Stellungnahme abwarten.

Was sagen Sie zu diesen massiven Vorwürfen meinerseits?

Was wird man in einem solchen Falle den Angehörigen übermitteln?

Den Namen des Patienten werde ich Ihnen natürlich nicht nennen. Nur soviel:
er hatte vier Nierensteine und wurde außerdem an den Dardanellen operiert.

So weit für heute

Winfried Bornemann

FRANZISKUS-HOSPITAL · HARDERBERG

Franziskus-Hospital Harderberg · 4504 Georgsmarienhütte 4

Herrn
Winfried Bornemann
Fillerschloß

4504 Georgsmarienhütte

Bankkonten:
Kreissparkasse Osnabrück
(BLZ 265 501 05) Kto.-Nr. 204 909
Bank für Sozialwirtschaft GmbH, Köln
(BLZ 370 205 00) Kto.-Nr. 12 617/00
Postscheck:
Hannover 41 92-301

4504 Georgsmarienhütte 4
Tel.-Vermittlung (05 41) 56 01-0
Tel.-Durchwahl (05 41) 56 01- 206

24.01.83 We/Wa

Sehr geehrter Herr Bornemann!

Wir haben Ihr Schreiben vom 19. Januar 1983 vorliegen. Sie stellen
darin eine ungeheuere Behauptung auf, die von uns sehr ernst ge-
nommen wird. Wir möchten Sie jedoch bitten, diese Vorwürfe, die
Sie gegenüber unserem Krankenhaus erheben, uns in einem Gespräch
persönlich vorzutragen, damit wir diesen Vorwürfen nachgehen können.

Aus diesem Grunde wären wir Ihnen dankbar, wenn Sie zu diesem Gespräch nach hierhin kommen würden, den genauen Termin können Sie
mit Unterzeichnetem abstimmen.

In Erwartung Ihres Anrufes verbleiben wir

mit freundlichen Grüßen
FRANZISKUS HOSPITAL
    HARDERBERG

Wemhoff (Verwaltungsleiter)

28.1.83

WINFRIED BORNEMANN · FILLERSCHLOSS · 4504 GEORGSMARIENHÜTTE

Sehr geehrter Herr Dernhoff,

vielen Dank für Ihren Brief. Es war für mich als Hobbychirurgen auch erst nicht leicht zu verstehen, was sich da hinter den weißen Türen abspielen sollte. Ich habe meinen Freund sofort noch einmal angerufen und darf heute zur Sachlage folgendes erklären.

Ich bleibe dabei, daß der besagte Patient ans Bett gefesselt war. Weiterhin habe ich sorgfältig recherchiert, daß Sie den Patienten umgelegt haben. Ich glaube in die Innere Abteilung. Nur in einem Punkte ist mir ein kleiner Lapsus unterlaufen, das will ich immerwurden zugeben. Er wurde nicht an den Dardanellen operiert - ein Tippfehler - sondern an den Mandeln. Verzeihung. Soweit der Sachstand.

Bitte überprüfen Sie die Dinge. Danach stehe ich gern zu einem klärenden Gespräch zur Verfügung.

Mit besten Grüßen
Winfried Bornemann

Winfried Bornemann
Briefmacker
Gag-Konsul der Republik Irland und
Nonsensechefunterhändler bei der KSZE

4504 Georgsmarienhütte-Fillerschloß · Telefon 05401/31379

FRANZISKUS-HOSPITAL · HARDERBERG

Franziskus-Hospital Harderberg · 4504 Georgsmarienhütte 4

Herrn
Winfried Bornemann
Fillerschloß 47

4504 Georgsmarienhütte

Bankkonten:
Kreissparkasse Osnabrück
(BLZ 265 501 05) Kto.-Nr. 204 909

Bank für Sozialwirtschaft GmbH, Köln
(BLZ 370 205 00) Kto.-Nr. 12 617/00

Postscheck:
Hannover 41 92-301

4504 Georgsmarienhütte 4
Tel.-Vermittlung (05 41) 56 01-1
Tel.-Durchwahl (05 41) 56 01-206

ol. Feb. 1983 We/Kl.

Sehr geehrter Herr Bornemann !

Wir haben nicht die Absicht, den Schriftwechsel mit Ihnen
fortzusetzen, stehen aber gerne zu einem Gespräch in unserem
Hause zur Verfügung.

Sollten Sie ernsthaft Interesse an diesem Gespräch haben,
so können Sie einen Termin mit Unterzeichnetem vereinbaren.

Mit freundlichen Grüßen
FRANZISKUS HOSPITAL
    HARDERBERG

Wemhoff (Verwaltungsleiter)

Winfried Bornemann   Fillerschloß   4504 Georgsmarienhütte   10.3.83

MODEL POOL
Salierstr. 10

4 Düsseldorf

Betr.: 6-8 Models für Schloßfeierlichkeiten

Sehr geehrte Damen und Herren,
hoffentlich gelingt es mir, Ihnen mein Vorhaben plausibel genug zu schildern,
denn normalerweise kenne ich mich in Ihrer Branche nicht aus. Ihre Adresse
habe ich übrigens von einem befreundeten Modefotografen in Düsseldorf, der
schon öfter mit Ihnen zu tun hatte. Worum geht es?
Das Fillerschloß feiert Geburtstag. Die 200 Jahrfeier unseres Besitzes ist
angesagt. Sie werden verstehen, daß so etwas gebührend gefeiert werden will.
Aus diesem Grunde bin ich auf der Suche nach ein paar Überraschungen, die
unseren Gästen ein wenig in Erinnerung bleiben sollen. Schließlich kommen
einige aus dem Ausland, haben also eine weite Reise hinter sich und folglich
Anspruch auf etwas Außergewöhnliches.
Ich habe bereits beim Konditor in Osnabrück eine Torte in Auftrag gegeben,
die innen hohl ist und äußerlich das Schloß und die Nebengebäude zeigt. Viel
Sahne und Zuckerguß. Möglich ist auch, daß wir damit ins Guinness Book kommen,
aber darum geht es jetzt nicht. Innen hohl, wie gesagt. Diese Torte soll nun um
17 Uhr hereingetragen werden. Nach einem großen Tusch der heimischen Feuer-
wehrkapelle soll sich der Tortendeckel heben, und 6-8 wunderschöne Models
Ihrer Agentur sollen der Torte entsteigen und sich dann unter die Gäste mischen.
Ich habe das mal in einem amerikanischen Film gesehen. Und damit wir uns
richtig verstehen. Die Damen sollen meine Freunde lediglich unterhalte. Mehr
darf auf keinen Fall passieren, da auch die örtliche Geistlichkeit anwesend sein
wird. Ich wäre Ihnen nun sehr dankbar, wenn Sie mir sowohl einen groben Kosten-
vorschlag als auch einen Katalog der Damen schicken könnten, damit ich schon
mal meine Wunschmodels ankreuzen kann. Die Veranstaltung läuft am 15. und
16. Mai dieses Jahres.
Ich selbst fahre ab Montag in Kur, so daß einer meiner Angestellten mir dann
den Katalog und den Kostenvoranschlag sofort nachschicken kann. Solche Sachen
wollen von langer Hand vorbereitet werden.

Beste Grüße

Model Pool (0211) 573045/6

1.3.83

𝔚infried 𝔅ornemann

Herrn
Wirtschaftsminister Graf Lambsdorf

53 BONN

Sehr geehrter Herr Minister Lambsdorf,

ich habe Sie in den letzten Wochen vor der Wahl des öfteren im Deutschen
Fernsehen gesehen. Dabei ist mir (und auch meiner Frau) aufgefallen, daß
Sie abgespannt und ermüdet wirken. Nun muß ich zugeben, daß Ihr randvoller
Terminkalender Ihnen wenig Zeit zum Entspannen läßt.
Ein guter Freund von mir will nun aus sicherer Quelle erfahren haben, daß Sie
an einigen Abenden der Woche unterwegs sein sollen, um Versicherungen zu
verkaufen. Außerdem soll es vorkommen, daß sie hin und wieder beim ADAC aus-
helfen, wenn viel zu tun ist.
Wenn ich auch vollstes Verständnis dafür habe, daß Sie einer Nebentätigkeit nach-
gehen, so glaube ich aber, daß Sie sich durch diese Doppelbelastung nicht voll
auf Ihre politischen Aufgaben konzentrieren könnten.
Als Freund Ihrer Partei werden Sie verstehen, daß mich die Beantwortung dieser
Frage in höchstem Maße interessiert.
Ich bitte um Auskunft, ob die Vermutungen meines Freundes zutreffen.

Mit besten Grüßen

WINFRIED BORNEMANN   FILLERSCHLOSS   4504 GEORGSMARIENHÜTTE

DR. JUR. OTTO GRAF LAMBSDORFF
BUNDESMINISTER FÜR WIRTSCHAFT

Bonn, 17. März 1983

Herrn
Winfried Bornemann
Fillerschloss
4504 Georgsmarienhütte

Sehr geehrter Herr Bornemann,

besten Dank für Ihren Brief vom 1. März 1983, den ich beantworten möchte, damit ich Ihre Besorgnis zerstreue.
Abgespannt und müde zu wirken, ist in der Zeit eines so aufreibenden Wahlkampfes sicherlich nichts aussergewöhnliches.
Die Vermutungen Ihres Freundes muss ich nun allerdings doch zurückweisen. Zeit, um Versicherungen zu verkaufen oder gar abends beim ADAC "auszuhelfen", habe ich nun tatsächlich nicht.

Mit freundlichen Grüssen
Ihr

Sehr geehrter Chef,
ich werde jetzt 12 und muß immer
für meine Eltern die Kartoffeln schälen.
Langsam habe ich keine Lust mehr dazu.
Deshalb habe ich nachgedacht, wie ich
da bloß vonkomme. Vielleicht können
Sie mir da Chef helfen. Wir haben
in der Schule durchgenommen, daß
Kartoffeln Augen haben. Nun mag ich
die Dinger nicht mehr schälen, weil
ich das Gefühl haber habe, das ich denen
die Augen aussteche. Ich habe nämlich gehört,
daß auch Pflanzen ein Gefühl haben.
Können Sie mir das bestätigen?
Ich will das dann meiner Mutter erzählen,
damit sie dann nur noch Pellkartoffeln
kocht. Es würde mich sehr
freuen, wenn sie meine Angst
auch teilen.

Viele Grüße
Winfried

Meine Adresse:
Winfried Bornemann
Ellerschloß
4504 fj - M.-Hütte

ARBEITSGEMEINSCHAFT KARTOFFELFORSCHUNG E.V.

SCHÜTZENBERG 10 · POSTFACH 23 · D-4930 DETMOLD

Winfried Bornemann
Fillerschloß

4504 Georgs-Marien-Hütte

4930 DETMOLD

TELEFON (0 52 31) 2 55 30
FERNSCHREIBER 09 35 851
SPARKASSE DETMOLD 22 905 (BLZ 476 501 30)

IHRE NACHRICHT VOM: UNSERE ZEICHEN: Nie/ba   DATUM: 21.3.1983

Lieber Winfried,

vielen Dank für Deinen netten Brief, über den wir uns alle sehr gefreut haben.

Obwohl auch ich Kartoffelnschälen für eine weniger erfreuliche Tätigkeit halte und sehr gut verstehen kann, daß Du keinen Spaß mehr dazu hast, so läßt sich Deine Theorie von dem Schmerzempfinden der Kartoffeln beim Schälen doch nicht so ganz aufrecht erhalten. Sicher mögen auch Pflanzen ein Gefühl haben, da sie auch im gewissen Sinne Lebewesen sind, jedoch dürfte es sich dabei um ein anderes Gefühl wie bei den Menschen handeln.

Deine Idee, mehr Pellkartoffeln zu kochen ist allerdings nicht schlecht, da in der Regel Pellkartoffeln einen höheren Nährwert haben als geschälte Kartoffeln, weil beim Kochen weniger Vitamine verloren gehen. Aber nur Pellkartoffeln ist natürlich auch keine Lösung, so daß Du sicherlich ab und zu das Kartoffelnschälen übernehmen mußt, das Du sicherlich nicht nur für Deine Eltern, sondern ja auch für Dich selbst erledigst.

Daß das Kartoffelschälen nicht nur Dir schwerfällt, mag der Hinweis auf die Geschichte des Räubers Hotzenplotz zeigen, die Du ja sicher auch aus früheren Jahren kennst. Selbst dem großen Zauberer Petrosilius Zwackelmann ist es nicht gelungen die Schale wegzuzaubern. Er mußte sich extra einen Dienstboten anschaffen.

Mit den besten Wünschen für fröhliche Osterferien verbleiben wir

mit freundlichen Grüßen

ARBEITSGEMEINSCHAFT KARTOFFELFORSCHUNG e. V.

Niebuhr

Winfried Bornemann jun.

25.2.82

Finanzamt Osnabrück
Beratungsstelle
Postfach

45 OSNABRÜCK

Betr.: <u>SAMENSPENDE</u>

Sehr geehrte Damen und Herren,

verzeihen Sie mir die peinliche Frage:(ich mochte nicht persönlich erscheinen)
Muß ich mir im Falle einer Samenspende eine Spendenquittung geben lassen, um
später die Gemeinnützigkeit dieser Sache anerkannt zu bekommen?
Ich bin von einer Dame mittleren Alters um diese Spende gebeten worden und möchte
diesem Ansinnen sehr gern nachkommen, wenn mir daraus keine steuerlichen Nachteile entstehen.

Hochachtungsvoll

4504 Georgsmarienhütte   Hüttenschloss

Finanzamt Osnabrück-Land

Az.: **IX**	
(Bei jeder Zuschrift oder Zahlung bitte angeben)	

Finanzamt Osnabrück-Land · Postfach 12 80 · 4500 Onabrück

Anschrift:	Hannoversche Straße 12 **4500 Osnabrück**
Sprechstunden:	Montag bis Freitag 9–12 Uhr
Bearbeiter:	
Zimmer-Nr.:	
Fernruf:	(05 41) 58 42–1
Durchwahl:	(05 41) 58 42–..........
Bankkonten:	Landeszentralbank Osnabrück 265 015 01 (BLZ 265 000 00) Kreissparkasse Melle 110 007 (BLZ 265 522 86)
Postscheck:	Hannover 513 74-301 (BLZ 250 100 30)

Herrn
Winfried Bornemann
Fillerschloß

4504 GM-Hütte

Osnabrück, 30. April 1982

Betr.: Samenspende

Bezug: Ihre Schreiben vom 25.02. und 13.04.1982

Sehr geehrter Herr Bornemann!

Nach § 10 b EStG (Einkommensteuergesetz) sind bestimmte Ausgaben zur Förderung mildtätiger oder als besonders förderungswürdig anerkannter gemeinnütziger Zwecke als Sonderausgaben (Spenden) abzugsfähig.

Leider lassen Ihre recht kurzen Angaben keine eindeutige Stellungnahme zu. Wie Sie bereits andeuten, stellt in diesem Fall die Abwägung zwischen der gebotenen Zurückhaltung vor Ihrer Privatsphäre und den Erfordernissen einer erschöpfenden Aufklärung des Sachverhalts ganz besonders hohe Anforderungen.

Nach § 10 b Abs. 1 Satz 3 EStG gelten als Ausgaben auch die Zuwendungen von Wirtschaftsgütern (sog. Sachspenden), jedoch mit Ausnahme von Nutzungen und Leistungen. Wenn Ihre Bemühungen demnach als unentgeltliche Arbeitsleistung angesehen werden müßten, so könnte eine Ausgabe nicht angenommen werden. Falls

Sie jedoch auf Ihnen bereits zustehendes Arbeitsentgelt
verzichten, bildet der Verzicht auf die Auszahlung eine
Verfügung über Ihr Vermögen und damit eine Ausgabe (Spende).
Ich stelle anheim, Ihre Darlegungen insoweit zu präzisieren,
insbesonders den Umfang Ihrer Leistung anzugeben und auch
Ihre persönliche Einschätzung mitzuteilen, ob Sie in Ihrer
Spendenaktion eine Arbeit erblicken.

Eine Sachspende setzt außerdem voraus, daß das Wirtschafts-
gut vor seiner Zuwendung zu Ihrem Vermögen gehört hat. Daran
fehlt es nach Auffassung von Kommentatoren bei Bestandteilen
des menschlichen Körpers, die beim Spenden entfernt werden
und nach der Trennung unmittelbar in das Eigentum der ent-
nehmenden Stelle gehen. Auf die Beurteilung Ihres Vermögens
durch die Empfängerin der Spende kommt es dabei nicht an.

Obwohl nach Ihren Ausführungen mildtätige Beweggründe nicht
von vornherein entfallen, zielt Ihre Frage wohl mehr auf die
gemeinnützigen Aspekte der Spenden. Ich möchte nicht aus-
schließen, daß angesichts des stagnierenden Wachstums zumindest der einheimischen Bevölkerung Ihren Plänen gewisse
gemeinnützige Momente nicht abzusprechen sind. Nur kommt es
in diesem Fall ausschließlich auf die Gemeinnützigkeit des
Empfängers der Spende an, der eine gemeinnützige Personenvereinigung oder Körperschaft sein muß. Dabei ist zu bedenken,
daß eine Personenvereinigung im steuerlichen Sinne nicht die
Ihnen vorschwebende Tätigkeit, sondern eine Gesellschaft ist,
bei der die Gesellschafter Unternehmer (Mitunternehmer) sind.
Nur vorsorglich weise ich darauf hin, daß bei Ihrem Vorhaben
eine Personenvereinigung selbst dann nicht gegeben ist, wenn
noch weitere Mitunternehmer beteiligt sein sollten. Gegebenenfalls müßten von Ihnen zur Unternehmereigenschaft der Spenden-
empfängerin nähere Angaben gemacht werden.

Auch eine Körperschaft mag sich der steuerliche Laie etwas anders vorstellen, als es nach den einschlägigen Vorschriften geboten ist. Da es sich überwiegend um Kapitalgesellschaften handelt, spielen sie hier keine Rolle.

Ich hoffe, Ihnen die steuerliche Problematik Ihres Vorhabens ein wenig näher gebracht zu haben. Falls Sie den Eindruck gewonnen haben, daß die Subsumtion einer so ganz und gar elementaren Lebensäußerung unter die Steuergesetze allzu beschwerlich erscheint, bitte ich, die Komplikationen nicht Ihrem Finanzamt anzulasten, sondern Erleichterung beim Gesetzgeber zu suchen. Im übrigen können Sie sich stets vertrauensvoll und wirklich ohne Scheu an das Finanzamt wenden, da alle Ihre Verhältnisse durch das Steuergeheimnis geschützt werden.

In diesem Sinne möchte ich Sie freundlichst bitten, Ihre Einkünfte aus schriftstellerischer Tätigkeit, die Sie bisher erzielt haben und mit denen Sie in Zukunft rechnen können, dem Finanzamt mitzuteilen, damit aus Gründen der Steuergerechtigkeit Ihre Einkommensteuer in richtiger Höhe festgesetzt werden kann. Ihrer Antwort sehe ich bis zum 20.05.1982 entgegen.

Hochachtungsvoll
Im Auftrag

(Heiser)

22.4.81

WINFRIED BORNEMANN · FILLERSCHLOSS · 4504 GEORGSMARIENHÜTTE

Edeltanne Käserei BOLZAU
Postfach 490

3200 HILDESHEIM 1

Betr.: <u>SCHIMMELKÄSE</u>

Sehr geehrte Damen und Herren,
das ist doch echt Käse. Da liegt vor mir ein schnuckeliger und weitgehend
geruchsfreier Schimmelkäse, der nicht richtig schimmeln will. Er liegt
bei mir seit etwa zehn Tagen in Quarantäne im Küchenschrank. Er will
einfach keinen Schimmelpelz ansetzen. Man kann ihn bis jetzt glatt für
einen Harzer halten, wenn auch der sehr humane Duft diese Vermutung
sofort widerlegt. Sie werden mein Anliegen für kleinlich halten und sagen,
Käse ist Käse, bzw. Schimmel drüber. Mir geht es aber ums Prinzip.
Sie wären ja auch enttäuscht, wenn Sie sich ein Pfund Zwiebeln kaufen und
Ihnen später die Augen nicht tränen. Ich mache mir um diesen Käse ganz
schön Sorgen. Woran mag das bloß liegen? Haben Sie etwa Milch verwendet,
die nicht genügend abgestanden, bzw. abgehangen war? Ich habe Sie ja
schwer im Verdacht.
Eine Frage: Kann ich den Käse denn trotzdem essen, auch wenn er nicht
schimmlig sein sollte?
Wie lange ist denn die Inkubationszeit bei dem Käse, bis unwiderruflich
mit Schimmel gerechnet werden kann?
Darf ich Ihnen den ganzen Käse denn zuschicken, falls er auch in nächster
Zeit den Schimmelansatz verweigern sollte?

Mit schimmellosem Gruß

Edeltanne-Käserei · Theodor Bolzau KG

»Edeltanne«-Käserei Theodor Bolzau KG · Postfach 490 · 3200 Hildesheim 1

Herrn
Winfried Bornemann

Fillerschloß
4504 Georgsmrienhütte

Harzer Käse-Delikatessen

Ihr Zeichen	Ihre Nachricht vom	Unser Zeichen	
		B/oh	3200 Hildesheim 8.5.81

Postfach 490
Bismarckstraße 13-15
Telefon (05121) 1 23 33
Telex 0927 134

Sehr geehrter Herr Bornemann!

Wir danken Ihnen, daß Sie unserem Edeltanne-Käse besonderes Interesse entgegenbringen.

Leider haben Sie uns keine Angaben gemacht, um welche Käsesorte es sich handelt.

Es gibt in der Gruppe Sauermilchkäse
1. einen Gelbkäse, vom Typ Harzer
2. einen Schimmelkäse, der einen Schimmelrasen haben sollte,
3. einen Hausmacher-Handkäse, der einen ganz zarten Schimmelrasen auf einer krausen Oidien-Hefehaut bildet.

Die Bildung des Schimmelrasens ist schon vollendet, wenn der Käse bei uns zur Verpackung kommt.
Wenn der Käse in der Verpackung geschwitzt hat, und dann gekühlt wird, kann der Schimmel verkümmern.

Wir empfehlen Ihnen, den Käse in einer Käseglocke oder einem Plastikbeutel im Kühlschrank nicht unter +6 Grad zum Verzehr bereitzuhalten.

Senden Sie uns bitte den Einwickler des beanstandeten Käses zu, damit wir die Käsetype erkennen. Verwenden Sie bitte beiliegende Briefmarken zum Kauf eines Edeltanne-Käses, wir wünschen Ihnen dazu guten Appetit.

Eine Sortimentsliste unserer Käsetypen fügen wir Ihnen gern zur Information bei.

Mit freundlichen Grüßen
Edeltanne-Käserei
Theodor Bolzau KG.

𝔚infried 𝔅ornemann
𝔉illerschloss

6.3.82

Verband der Deutschen Uhrenindustrie e.V
z.Hd. Herrn Dr. Puhl
Wiedemannstr. 30

5300 BONN 2

Sehr geehrter Herr Dr. Puhl,

Ich bin Vorsitzender eines kleinen Zirkels, der sich mit human-philosophischen Fragestellungen und Problemen der Jetztzeit befaßt. Auf unserem letzten Kolloquium wurde sehr kontrovers die Frage diskutiert, welcher Sinn dem Uhrzeigersinn zuzurechnen sei. Anders gefragt: Können Sie uns den Uhrzeigersinn mittteilen? Ich möchte Ihre fachliche Stellungnahme auf unserem nächsten Treffen Ende März vortragen.

Mit besten Grüßen

[Unterschrift] 39

VERBAND DER
DEUTSCHEN UHRENINDUSTRIE E.V.

Verband der Deutschen Uhrenindustrie e. V. · 53 BN-Bad Godesberg · Wiedemannstr. 30

Herrn
Winfried Bornemann
Fillerschloss

4504 Georgsmarienhütte

53 BONN-BAD GODESBERG
WIEDEMANNSTRASSE 30
TELEFON (02221) 364717
POSTSCHECKKONTO:
FRANKFURT A. M. 102154-609

IHRE ZEICHEN   IHRE NACHRICHT VOM   UNSERE ZEICHEN   TAG
Dr.P/Gä   15. März 1982

Sehr geehrter Herr Bornemann!

Nach Rückkehr von einer Reise fand ich Ihren interessanten Brief vor, den ich doch sofort beantworten möchte. Als praktischer Mensch und Nicht-Philosoph vermute ich, dass ursprünglich rein handwerkliche bzw. Konstruktionsgründe für die Festlegung des Uhrzeigersinns ausschlaggebend waren. Eine Kreisbewegung eignet sich halt am besten dazu, eine immer neue und immer währende Anzeige darzustellen. Ich muss zugeben, dass die Kreisbewegung - ursprünglich des Zeigers und später mehrerer Zeiger - einen Philisophen durchaus zu Reflexionen veranlassen kann. Der in sich geschlossene Kreis kann in philosophischer Sicht so etwas darstellen wie die ewige Wiederkehr oder die unendliche Zeitenfolge, wobei ja niemand von uns weiss oder wusste - nicht einmal Einstein - ob es nun wirklich einen Anfang und ein Ende gibt oder ob Raum und Zeit in sich geschlossen und unendlich sind. Die Spekulationen hierüber will ich doch lieber den Philosophen und Ihrem Zirkel überlassen.

Ob die Zeigerbewegung von links nach rechts herum ("im Uhrzeigersinn") eine philosophische Grundlage hat, weiss ich nicht. Wäre der erste Uhrenhersteller Linkshänder gewesen, dann würden wir möglicherweise heute einen entgegengesetzten Uhrzeigersinn verzeichnen... Es macht mich auch ein wenig stutzig, dass man neuerdings spiegelbildliche Uhren fertigt, wo sich also die Zeiger tatsächlich "andersherum" bewegen. Erstaunlich ist, dass Leute auf eine solche Uhr schauen und zunächst gar nicht merken, dass es eine Spiegelbilduhr ist, aber trotzdem ein unterbewusstes Unbehagen haben.

Ich füge Ihnen eine kleine, schon ältere aber zeitlose Broschüre mit dem Titel "Von UHR-sachen und Wirkungen" bei. Vielleicht ist Ihnen dieser oder jener Beitrag*für Ihr nächstes Treffen von Nutzen.

Mit freundlichen Grüssen
VERBAND DER DEUTSCHEN UHRENINDUSTRIE

(Dr. Puhl)

* s. S. 14

WINFRIED BORNEMANN
FILLERSCHLOSS
4504 GEORGSMARIENHÜTTE

Mrs. Margret Thatcher
Downing Street

LONDON /Great Britain

Dear Mrs. Thatcher,

I hope you can understand my english writing, but it is long ago since
I went to school. I want to make it short.

My son Frank, who is now in the age of 14, is a fan of your person. Since this
day he has big posters of the beatles and artists of the new german wave at
the wall of his room.

Now he wants to change his pictures. He told me that it would be a heart-wish
of him to have a picture of your person on his wall. I as his father promised
him to write you this letter.

Would you be so kind and send him a card of your person with your own
signification under it. He would be so proud.

With best wishes

[signature]

Wenn Sie von mir am selben Tage mehrere Briefe erhalten, so ist dies eine Folge
der maschinellen Postverarbeitung. Ein Aussortieren von Hand wäre teurer als
mehrfaches Porto.

10 DOWNING STREET

14 March 1983

Dear Mr Bornemann

    The Prime Minister has asked me to thank you for your recent letter and to send you, with her best wishes, the enclosed photograph.

    Yours sincerely

T M Eves

Mr W Bornemann
Am Fillerschloss 47
4507 Georgsmarienhutte
WEST GERMANY

Margaret Thatcher

Winfried Bornemann   Fillerschloß   4504 Georgsmarienhütte   5.3.83

Goethe House New York
1014 Fifth Avenue
New York N.Y. 10028

Betr.: <u>Ausstellung</u>

Sehr geehrte Damen und Herren,

ich bin Objektkünstler und darf so bekannte Vertreter dieses Faches wie J. Beuys und Timm Ulrichs zu meinen Freunden zählen. Im Gegensatz zu meinen Kollegen stelle ich keine sächlichen Objekte aus, sondern einzig und allein mich selbst. Im Goethejahr wäre es deshalb ein besonderer Wunsch von mir, wenn ich mich bei Ihnen ausstellen dürfte. Als typischer Durchschnittsdeutscher. Das dürfte doch Ihr Publikum sicher interessieren. In der Tat sind meine Daten nicht von der Hand zu weisen: <u>Mittlere</u> Reife, <u>mittelblond</u>, <u>mittlere</u> Beamtenlaufbahn. beim Finanzamt bis 82, <u>Mittelscheitel</u>, <u>mittleres</u> Einkommen. Sie können daran leicht ersehen, daß ich für diese Ausstellung hervorragend geeignet bin.
Als Referenz an das Goethejahr und Ihren Namensgeber würde ich mir noch ein paar FAUSThandschuhe anziehen. Bitte teilen Sie mir mit, ob Sie an einer derartigen Ausstellung interessiert sind. Ich würde ohne Honorar ausstellen, sondern lediglich die Übernahme der Flugkosten durch Ihr Institut erwarten.

Mit besten Grüßen

Winfried Bornemann

Goethe House New York — German Cultural Center

Programs

29. Maerz 1983
IvZ/ih

Herrn
Winfried Bornemann
Fillerschloss
4504 Georgsmarienhuette

Sehr geehrter Herr Bornemann,

Ihr Brief vom 5. Maerz 1983 hat uns wirklich gefreut, und Ihr interessantes Angebot, sich als Objekt - komplett mit Mittelscheitel und, zu Ehren des Goethejahres, sogar mit FAUSThandschuhen - der amerikanischen Kunstwelt darzubieten, koennte unserer Arbeit neue Aspekte verleihen.

Die Tatsache, dass Fausthandschuhe auf englisch "mittens" heissen, kaeme durch die Lautverwandtschaft Ihren so sorgfaeltig aufgezaehlten Mittelwerten entgegen. Nur wuerde die Reverenz, die Sie dem Goethejahr erweisen wollen, dabei nicht klar zum Ausdruck kommen, was wiederum vielleicht gar nicht so schwerwiegend waere, denn wir haben das Goethejahr bereits 1982 gefeiert. Haetten Sie produktive Vorschlaege fuer Luther, Wagner, Kafka oder gar Karl Marx?

Ein weitaus groesseres Hindernis auf dem Wege zu einem gemeinsamen Projekt ist (von Flugkosten ganz abgesehen) die Hausregel des Goethe House New York, Soloausstellungen nur in Zusammenarbeit mit einer angesehenen Galerie oder einem Museum zu veranstalten, die der Kuenstler selbst gewinnen muss. Das bedeutet also, dass die Ausstellung teils bei uns, teils in der Galerie oder im Museum gezeigt wird. Selbst, wenn Sie diese Huerde leicht ueberwinden sollten, woran wir nicht zu zweifeln wagen, stehen wir vor dem weitaus groesserem Problem der Objektteilung. Sicher koennte man den Mittelscheitel als Trennlinie nehmen. Schier unloesbar scheint uns jedoch die Frage, wie man das Objekt, in diesem Fall den Kuenstler selbst, nach beendeter Ausstellung wieder zusammenbaut. Wir schicken eine Ablichtung Ihres Briefes an die anderen Goethe-Institute, besonders an die Kollegen im Mittleren Westen, um die Moeglichkeit zu pruefen, ob dort vielleicht bessere Aussichten bestehen.

Mit den besten Gruessen,

Ingeborg von Zitzewitz
Ausstellungen

D/Region

1014 Fifth Avenue, New York, N.Y. 10028 • (212) 744-8310 / 744-8989 • Telex: WUI 666701

on the Museum Mile

14.1.83

Winfried Bornemann
Fillerschloss

Evangelische Aktionsgemeinschaft für Familienfragen
Meckenheimer Allee 162

5300 B O N N 1

Betr.: <u>A u s k u n f t</u>

Sehr geehrte Damen und Herren,

im Juli dieses Jahres erwartet meine Bekannte ein Kind von mir. Es stellt sich nun die Frage, ob dieses Kind unehelich geboren wird. Meine Freundin ist ledig, ich aber bin verheiratet. Ich bin der Meinung, daß unser Kind ehelich ist, weil ich ja verheiratet bin.
Ist meine Einschätzung der Sachlage richtig?

Hochachtungsvoll

Winfried Bornemann

WINFRIED BORNEMANN   FILLERSCHLOSS   4504 GEORGSMARIENHÜTTE

Evangelische Aktionsgemeinschaft für Familienfragen

Ev. Aktionsgemeinschaft für Familienfragen · Meckenheimer Allee 162 · 5300 Bonn 1

Herrn
Winfried Bornemann
Fillerschloß
4504 G-M-Hütte

PRÄSIDENT:
Prof. Dr. Dr. Siegfried Keil
BUNDESGESCHÄFTSFÜHRER:
Kurt Neumann

5300 BONN 1
Meckenheimer Allee 162
Telefon 0228/634791

Tag: 19. Januar 1983
N/ri

Sehr geehrter Herr Bornemann,

die EAF ist zwar nicht zur Rechtsberatung befugt, auf Ihre Anfrage vom 14. Januar 1983 kann ich jedoch mit einer schlichten Darstellung der grundsätzlichen Rechtslage antworten.

§ 1591 BGB lautet:

"(1) Ein Kind, das nach der Eheschließung geboren wird, ist ehelich, wenn die Frau es vor oder während der Ehe empfangen und der Mann innerhalb der Empfängniszeit der Frau beigewohnt hat; dies gilt auch, wenn die Ehe für nichtig erklärt wird. Das Kind ist nicht ehelich, wenn es den Umständen nach offenbar unmöglich ist, daß die Frau das Kind von dem Manne empfangen hat.

(2) Es wird vermutet, daß der Mann innerhalb der Empfängniszeit der Frau beigewohnt habe. Soweit die Empfängniszeit in die Zeit vor der Ehe fällt, gilt die Vermutung nur, wenn der Mann gestorben ist, ohne die Ehelichkeit des Kindes angefochten zu haben."

Da in dem von Ihnen geschilderten Fall die Mutter ledig ist, wird das Kind nichtehelich geboren. Daran ändert auch die Anerkennung der Vaterschaft durch Sie nichts. Das Kind führt den Geburtsnamen der Mutter.

- 2 -

- 2 -

Sofern Sie beabsichtigen sollten, die Mutter des Kindes später
zu heiraten, so kann das Vormundschaftsgericht nach der Eheschließung auf Antrag die Ehelichkeit des Kindes feststellen.

                                    Hochachtungsvoll
                                    (Neumann)

Bei Fragen von solch schwerwiegender Tragweite und gesellschaftlicher
Bedeutung empfiehlt es sich, gleich mehrere Experten zu Wort kommen
zu lassen. In diesem Falle äußern sich vier weitere Kenner.

                                                    Der Autor

Für alle, die lieber erst einmal telefonieren wollen, hier ein paar gewichtige
Rufnummern:

Wichtige Telefon-Nummern:

Juri Andropow	007/095-2 95 90 51
Ronald Reagan	001/202-4 56 14 14
Helmut Kohl	02 28-561
François Mitterrand	0 03 31-2 61 51 00
Bruno Kreisky	0 04 32 22-37 12 36
Elisabeth II.	0 04 41-9 30 48 32
Papst Johannes Paul II.	0 03 96-69 82
Menachem Begin	00 97 22-55 41 11

Bund der Familienverbände e.V.
(Familienarchive, Familienstiftungen)

Herrn
Winfried Bornemann
Fillerschloss
4504 G-M-Hütte

Vorsitzender: Dr. Heinz F. Friederichs,
Dehnhardtstraße 32,
6000 FRANKFURT 50,
Telefon (06 11) 52 78 72

Geschäftsführer: Gisela Schimmelpfeng,
Heddersdorf 4H
6437 KIRCHHEIM,
Telefon (0 66 28) 3 05

Kirchheim, den 19.1.83

Sehr geehrter Herr Bornemann!

Vielen Dank für Ihre Anfrage vom 14.1.83.

Leider kann ich Ihnen nur dazu sagen, dass das Kind Ihrer Bekannten ein "uneheliches" Kind sein wird. Ich wüsste nicht, warum es ehelich sein könnte? Besteht doch mit Ihrer Bekannten keine Ehe.

Es gibt da überhaupt keine Möglichkeit, dass das Kind ehelich zur Welt kommt. Sie können zur späteren Zeit das Kind adoptieren und versuchen, dass Sie ihm den Namen des Vaters geben. Wir wuerden Sie dann zur gegebenen Zeit gerne beraten.

Es gäbe nur eine Möglichkeit, dass das Kind ehelich käme, wenn Sie persönlich es gebären würden, aber das ist ja noch nicht möglich.

Wir wünschen Ihnen alles Gute und besonders für das Kind, was davon betroffen ist.

Mit den freundl. Grüssen, verbleibe ich

Gisela Schimmelpfeng
Geschäftsführung

Bund der Familienverbände e.V.
(Familienarchive, Familienstiftungen)

Vorsitzender: Hans Ahrendt
cand.jur.
Im Grund 7, 6932 Heddesbach
Tel.: (06272) 706

Ehren-Vorsitzender: Dr. Heinz F. Friederichs,
Dehnhardtstraße 32,
6000 FRANKFURT 50,
Telefon (06 11) 52 78 72

Geschäftsführer: Gisela Schimmelpfeng,
Heddersdorf 31,
6437 KIRCHHEIM,
Telefon (0 66 28) 3 05

Herrn
Winfried Bornemann
Fillerschloß
4504 G-M-Hütte

6932 Heddesbach, den 25.1.1983
Ah/s

Betr.: Ihre Anfrage vom 14.1.1983
Bezug: Antwort unserer Geschäftsführung vom 19.1.1983

Sehr geehrter Herr Bornemann!

Der Unterzeichnende bezieht sich auf den o.a. Schriftwechsel und kündigt eine weitere und notwendige schriftliche Aussage durch den Bund der Familienverbände e.V. an.

Wegen Überlastung ist der Unterzeichnende z.Zt. nicht in der Lage, rechtlich fundierte und vor allem schnelle Aussagen zu Ihrem Problem zu machen. Er hat deswegen den Justitiar des BdF gebeten, Ihren Fall zu überprüfen und eine entsprechende Antwort zu erstellen.

Sowie diese vorliegt, erhalten Sie wieder Nachricht.

Mit freundlichen Grüßen

(Hans A h r e n d t)
Vorsitzender

JOSEF UHLENBROCK
HÜTTENDIREKTOR I. R.

5650 SOLINGEN-OHLIGS, den 31. 1. 93.
Schloß Caspersbroich
Telefon (0 21 22) 33 44 50

Sehr geehrter Herr Bornemann!

Als ehrenamtlicher Justitiar des BdF nehme ich zu Ihrer Anfrage vom 14.1.93 Stellung.

Das Kind, welches Ihre Freundin im Juli 1993 erwartet, ist unehelich. Ihre Rechte und Pflichten als unehelicher Vater ergeben sich aus dem Gesetz über die rechtliche Stellung der unehelichen Kinder (abgedruckt in Bundesgesetzblatt vom 22.8.69).

Sie habe gegenüber dem unehelichen Kind vom Tage der Geburt an eine Unterhaltspflicht. Gemäß § 1615 a BGB richtet sich die Höhe des Unterhalts nach der Lebensstellung beider Eltern. Vor und nach der Schwangerschaft haben Sie gemäß § 1615 l BGB auch Ihrer Freundin Unterhalt zu gewähren. Auch die Entbindungskosten sind von Ihnen zu übernehmen (§ 1615 k BGB).

Nun kommt das Wichtigste, die tolle Neuerung gegenüber der Zeit vor 1969! Gemäß § 1934 a BGB hat das Kind einen Erbersatzanspruch gegen Sie, und zwar neben Ihren ehelichen Kindern und neben Ihrer Ehefrau. Wenn Sie als Schloßbesitzer ein vermögender Mann sind, ist für das uneheliche Kind gut gesorgt.

Ich schlage vor, daß wir uns auf dem Bundestreffen des BdF in Eltville (vom 13.-15. Mai) eingehend über die Rechtslage unterhalten, unter Berücksichtigung Ihrer wirtschaftlichen und familiären Verhältnisse. Dann können wir auch die Frage besprechen, ob eine Adoption des unehelichen Kindes zweckmäßig ist oder nicht.

Mit freundlichen Grüßen!

Josef Uhlenbrock

FAMILIENBUND
DER DEUTSCHEN KATHOLIKEN

Bundesgeschäftsführung

Familienbund der Deutschen Katholiken · Adenauerallee 134 · 5300 Bonn 1

Herrn
Winfried Bornemann
Fillerschloß

4504 Georgs-Marien-Hütte

Adenauerallee 134
5300 Bonn 1
Telefon 0228 / 21 30 19

Datum 28. Jan. 1983
str-sch

Betr.: Ihre Anfrage vom 14.1.1983

Sehr geehrter Herr Bornemann,

das von Ihrer Bekannten erwartete Kind ist nichtehelich, weil zwischen Ihnen und Ihrer Bekannten keine Ehe besteht. Das ergibt sich eindeutig aus dem Bürgerlichen Gesetzbuch.

Das Gesetz ermöglicht allerdings, daß das erwartete Kind nach seiner Geburt auf Ihren Antrag für ehelich erklärt wird (§§ 1723 ff. BGB). Für die Ehelichkeitserklärung ist die Zustimmung der nichtehelichen Mutter des Kindes, also Ihrer Bekannten, erforderlich, solange das Kind minderjährig ist. Später, nach Eintritt der Volljährigkeit des Kindes, muß es selbst dazu einwilligen. Darüber hinaus muß zu dieser Erklärung auch Ihre Ehefrau einwilligen, weil damit Rechtswirkungen ihr gegenüber verbunden sind.

Ich hoffe, Sie haben hinreichend Antwort bekommen, und verbleibe

mit freundlichen Grüßen

M. T. Mayl
(Maria Theresia Strauß)

5.3.83

Italienische Botschaft
z.Hd. Herrn Botschafter Prof. Luigi Vittorio Ferraris
Karl Finkelnburg Str. 51

Sehr geehrter Herr Botschafter,

ich werde voraussichtlich im August für einige Wochen geschäftlich in Italien
in der Nähe von Rom zu tun haben. Ich bin gerade dabei, die Details meiner Reise
mit einigen Mitarbeitern durchzusprechen. In dieser Situation ist es wichtig, von
Ihnen aus erster Hand zu erfahren, ob für diesen Monat bereits Streiks in Ihrem
Lande geplant sind. Es würde mir auch reichen, wenn Sie mir eine Prognose geben
könnten, in welchen Bereichen mit einem Streik im August gerechnet werden kann.
Es wird dann für mich möglich sein, Alternativen in meine Planungen einzu-
bauen.

                                    Hochachtungsvoll

AMBASCIATA D'ITALIA
L'Ambasciatore

Bonn, den 09. März 1983

2911

Sehr geehrter Herr Bornemann,

in Beantwortung Ihres freundlichen Schreibens vom 5. März 1983 möchte ich Ihnen sagen, daß ich mich über Ihre Absicht, nach Italien zu reisen freue.

Ob im August in Italien Streiks stattfinden werden hängt von den Entscheidungen der Gewerkschaftsorgansiationen ab, da in Italien, ebenso wie in allen demokratischen Ländern, einschließlich der Bundesrepublik Deutschland, das Prinzip des Streikrechtes gilt. Ich glaube, daß es in keinem demokratischen Land vorhersehbar ist, ob und wann es zu Regierungswechseln, vorgezogenen Neuwahlen oder Streiks kommt.

Ich bedaure, Ihnen keine genauere Auskunft geben zu können und verbleibe

mit freundlichen Grüßen

Luigi Vittorio Ferraris

Herrn
Winfried Bornemann
Fillerschloß

4504 Georgsmarienhütte

OPEC
Ob. Donaustr. 93
1020 WIEN
Österreich

Betr.: Erdöl in meinem Garten

Sehr geehrter Herr Botschafter,

im letzten Sommer ist es mir durch Zufall gelungen, eine Erdölquelle auf meinem Grundstück zu erschließen. Nach der Freude über den ungeahnten Segen habe ich nun aber schwere Probleme bekommen. Ich weiß nicht mehr wohin mit dem schwarzen Gold. Die ganze Verwandtschaft ist inzwischen beliefert, meine eigenen Tanks sind randvoll. Als ich der SHELL die weiteren Bohrungsrechte übertragen wollte, habe ich noch nicht einmal eine Antwort bekommen. Die haben es inzwischen wohl nicht mehr nötig, sich um private Quellen zu kümmern. Ich werde die Sache wohl in die eigene Hand nehmen müssen. Zuerst erscheint es mir ratsam, der OPEC beizutreten. Deshalb möchte ich meine Anfrage an Sie mit der Bitte, mir doch einmal mitzuteilen, an wen ich mich da wenden muß. Vielleicht können Sie mir auch mitteilen, wie hoch derzeit die Mitgliedsbeiträge Ihrer Organisation sind.
Ich würde mich sehr freuen, wenn Sie mir ein paar Tips geben können.

Mit besten Grüßen

Winfried Bornemann

Winfried Bornemann
Fillerschloß
4504 Georgsmarienhütte

ORGANIZATION
OF THE PETROLEUM EXPORTING COUNTRIES
OBERE DONAUSTRASSE 93
1020 VIENNA II. AUSTRIA
TEL.: 26 55 110 CABLES: OPECOUNTRIES
TELEX: 134474

PI/LO/284/83/1338
27 April 1983

Mr. Winfried Bornemann
Fillerschloss
D-4505 Georgsmarienhuette
Federal Republic of Germany

Dear Mr. Bornemann,

Thank you very much for your letter of April 1983.

Concerning your request to join OPEC, please be informed that OPEC can only be joined by countries and not by individuals.

OPEC Member Countries are Algeria, Ecuador, Gabon, Indonesia, Iran, Iraq, Kuwait, Socialist Peoples Libyan Arab Jamahiriya, Nigeria, Qatar, Saudi Arabia, United Arab Emirates and Venezuela.

We are sending you, under separate cover, an Information Booklet and the Statute of OPEC, which we hope will increase your knowledge about our Organization.

Best regards,

Sincerely yours,

Hamid Zaheri
Head,
Public Information Department

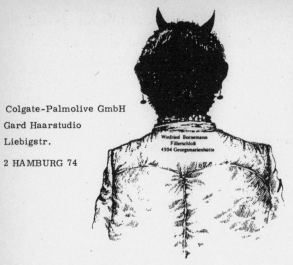

Colgate-Palmolive GmbH
Gard Haarstudio
Liebigstr.
2 HAMBURG 74

18.1.83

Betr.: <u>GUARD HAARSTUDIO</u>

Sehr geehrte Damen und Herren,

auf dem beigelegten Foto können Fachleute leicht erkennen, daß ich große Schwierigkeiten mit meinem Haupthaar habe. Es wurde mir schon von mehreren Seiten ans Herz gelegt, mich doch einmal im GUARD HAARSTUDIO anzumelden. Ist hiermit geschehen.
Ich bitte dringend um einen baldigen Termin. Bitte skizzieren Sie auch einmal kurz die zu erwartenden Kosten.

Mit besten Grüßen

P.S. Im Falle weiterer Haarverwirrungen ist damit zu rechnen, daß meine Verlobung in die Brüche geht.

COLGATE-PALMOLIVE GMBH

Werk und Verwaltung: Liebigstraße 2–12, 2000 Hamburg 74, Postfach 74 02 60
Telefon (040) 7 31 91, Telex 2 141 58 cp hg d, Teletex 402053 = cp hg d
Telefax (040) 7319498, Telegramme Palmolive
Bahnsend.: HH-Billbrook Anschlußgleis bbn 40112008

Bank: Landeszentralbank Hamburg, Girokonto-Nr. 200 07 397 (BLZ 200 000 00)
Vereins- und Westbank AG, Konto-Nr. 1/06 294 (BLZ 200 300 00)
Postscheck Hamburg 149 53 - 204 (BLZ 200 100 20)

Herrn
Winfried Bornemann
Fillerschloß

4504 Georgsmarienhütte

Datum und Zeichen Ihres Schreibens	Unser Zeichen	Durchwahl (0 40) 73 19		Datum
14-1-1983	G1/MW/dw		336	21-2-1983

Sehr geehrter Herr Bornemann,

wie Sie aus der langen Zeitspanne zwischen Ihrem Schreiben und unserer Antwort ersehen können, haben Ihre Haarverwirrungen uns echte Kopfschmerzen bereitet.

Um Ihnen - auch im Hinblick auf die angedeuteten drohenden Konsequenzen in Ihrem Privatleben - wirklich wirkungsvoll helfen zu können, benötigen wir jedoch einige detailliertere Angaben zu Ihren Haarpflegegewohnheiten.

1. Welche Produkte verwenden Sie oder Ihr Friseur zu Ihrer Haarpflege?

    <u>ja</u>   nein

    a) Shampoo
    b) Kurspülung
    c) Haarkur
    d) Haarfestiger
    e) Haarspray
    f) Kamm/Bürste
    g) Schere/Messer

2. Welche Marke verwenden Sie überwiegend bei (a) bis (e) ?
   (Unsere Haarpflegeserie nennt sich übrigens G A R D)

3. Wie häufig lassen Sie Ihre Haare beim Friseur behandeln ?

    <u>täglich</u> <u>alle 2 Tage</u> <u>2 x pro Woche</u> <u>1 x pro Woche</u> <u>häufiger</u>

    Ich gehe normaler-
    weise zum Friseur:

- 2 -

Geschäftsführer: John H. Tietjen (Vorsitzender)
Anthony M. Dente, Klaus Hildebrandt, Michael S. Roskothen,
Hans Gottfried Schadow, Frank Schmidt, Dr. Detloff von Winterfeld,
Alfred Wolny, Douglas R. Wright.

Aufsichtsratsvorsitzender: Christoph Könneker

Amtsgericht Hamburg HR B 3220

- 2 -

Sie kennen sicherlich das aus Funk und Fernsehen bekannte ABBA-Lied:

> "Schönes Haar ist Dir gegeben
> laß es leben
> mit Gard
> gib ihm Liebe, gib ihm Pflege,
> überlege:
> nimm Gard.
> Laß Dir keinen Tag entgehen,
> laß Dich sehen mit Gard.
> Schönes Haar ist Dir gegeben
> laß es leben
> und Du fühlst Dich gut
> mit Gard".

Wir verwenden es übrigens auch in unserer Werbung. Könnten Ihnen diese Textzeilen nicht vielleicht allein schon ein wenig von der Beratung geben, die Sie sich von dem Besuch des G(U)ARD HAARSTUDIOS hier in Hamburg erhofften?

Wir hoffen sehr, Ihnen mit diesen Zeilen ein wenig geholfen zu haben, sehen Ihrer Rückantwort gerne entgegen und verbleiben

mit freundlichen Grüßen
Gard International Haarkosmetik
i.Hs. Colgate-Palmolive GmbH
 - Marketing -

M. Wieduwilt

P.S. Zu unserer Entlastung überreichen wir Ihnen anbei Ihr Foto zurück.

Betr.: Gard Haarstudio

1.3.83

Ihr Brief vom 21.2.   Ihr Zeichen: G1/MW/dw

Sehr geehrter Herr oder Frau Didwalt,

zuerst meinen besten Dank dafür, daß Sie sich so intensiv um mein Haupthaar gekümmert haben. Neben den tröstenden Worten haben Sie mir ja auch ein paar Fragen gestellt, die ich erstmal beantworten möchte:

a. Shampoo ja - Gard Kräuter
b.c. und d. entfallen leider, also nein. (Mein Fehler?)
e. Haarspray (nur zu Hochzeiten oder Casinobesuch)
f. Kamm/Bürste (ja, reichlich)
g. Schere/Messer (nein, warum auch, das besorgt mein Friseur)
3. Zum Friseur gehe ich in der Regel alle 6 Wochen (auf Anordnung meiner Frau und meiner beiden Söhne)

Und noch etwas: Wäre es evtl. möglich, daß ich mal von Ihnen ein Bild bekommen kann, damit ich mir ein Urteil über Ihre Haare bilden kann?

Übrigens: ich bin im nächsten Monat in Hamburg. Ich kann dann ja mal eben bei Ihnen reinspringen und mich beraten lassen. Alles klar? Ich erwarte Ihre Antwort.

Mit besten Grüßen
Winfried Bornemann

Liebe Schaspieler,

ich habe gehört, daß ihr

wieder ein paar Sta-

tisten braucht. Wenn

ich das richtig weiß,

so sind das c.[?] ja Leute, die

nur herumstehen und nichts

zu sagen haben. Das

trifft genau auf meinen Vater zu.

Könnt Ihr den gebrauchen.

Ich glaube er würde sich

riesig freuen, wenn er

diese Aufgabe übernehmen

übernehmen könnte. Meldet

Euch mal.

Frank Bornemann 10 Jahre

Meine Adresse Frank Bornemann

Tillerschloß 5 a 4 B-M-Mitte

städtische bühnen osnabrück

Schüler
Frank Bornemann
Fillerschloß

4504 GM-Hütte

Osnabrück, 16. März 1983
Be/Ba

Lieber Frank,

über Deinen Brief haben wir uns alle sehr gefreut, wir wissen nur nicht, ob Dein Vater damit einverstanden wäre, wenn Du ihn uns als Statisten anbietest. Deshalb müßten wir schon vorher Deinen Vater fragen, ob er dazu auch Lust und Zeit hat. Da Du das mit den Statisten so gut weißt, nehme ich an, daß Du auch häufiger ins Theater gehst, was ich sehr schön finde. Vielleicht besprichst Du das alles noch einmal mit Deinem Vater, und wir würden Dich und Deinen Vater gern einmal einladen, um uns vor allen Dingen auch mit Dir bei einem Glas Sprudel und wenn Du magst auch bei einem Stück Kuchen zu unterhalten. Ich könnte mir vorstellen, weil ich auch einen Sohn in Deinem Alter habe, daß Du noch nicht allein von Georgsmarienhütte nach Osnabrück fahren darfst, so daß es auf jeden Fall besser wäre, wenn Dein Vater mitkommen würde. Wenn Du uns besuchst, werden wir Dir auch gern eine Freikarte für eines unserer Kindertheaterstücke geben.

Wenn Du mit Deinem Vater vorbeikommen willst, rufst Du mich vorher bitte an, damit wir hier auch einen Termin frei haben.

Herzliche Grüße auch an Deine Eltern

(Helmut Beckamp)

ronald geyer
lotze 33
34 göttingen

Sehr geehrter Herr Bundespräsident,

ich hoffe, Sie befinden sich nicht gerade auf einer Ihrer zahlreichen Geschäftsreisen, aber wahrscheinlich bleibt dieser Brief eh in einem Ihrer Vorzimmer hängen, so daß ich in meiner Begrüßung natürlich Ihren Persönlichen Referenten gleich mit einschließe.
Ihre Zeit ist knapp, meine auch.
Mein Anliegen: Wie in jedem Jahr, so werden sicherlich auch heuer wieder zahlreiche Bundesverdienstkreuze an ehrbare Bürger verliehen, die sich in irgendeinerweise um unser Vaterland verdient gemacht haben. Meine Wahl, und es wird wirklich höchste Zeit, ist auf einen gewissen Herrn Winfried Bornemann gefallen, seines Zeichens Gag-Konsul der Republik Irland, der sich nun schon seit geraumer Zeit um den Humor dieses unseres Landes verdient gemacht hat.
Sie können mir glauben, daß ich mir meine Entscheidung bestimmt nicht leicht gemacht habe (um eine stehende Redewendung zu benutzen), aber ich meine, ein kleiner Verdiensterden ist langsam fällig. Bitte aber nicht den "Wider des tierischen Ernstes". Nein, ich finde, es müßte schon etwas größeres, aber leichter tragbares sein. Wie wär es denn zum Beispiel mit dem "Schwerter für Pflugscharen" oder, falls der alle ist, würde es glaub ich auch schon der mit "Eichenlob" echt bringen.
Geben Sie sich bitte einen kleinen Ruck, denn in trostlosen Zeiten wie den unseren (steigende Arbeitslosigkeit, steigende Inflationsrate, steigende Umweltverschmutzung, steigende Müdigkeit, steigende Staatsverdrossenheit, steigende Gewinne usw.), sollten wir uns wenigstens noch die paar Humoristen bei Laune halten.
Vielleicht können Sie mir Ihre Entscheidung möglichst bald mitteilen oder zumindest den Erhalt dieses Briefes bestätigen, so daß ich merke, daß was im Busche ist.

Hochachtungsvoll

(Ronald Geyer)

BUNDESPRÄSIDIALAMT
ORDENSKANZLEI

Az.: OK/3/07c

(Bei Rückfragen bitte angeben)

Kaiser-Friedrich-Straße 16
5300 **BONN 1**, den 28. März 1983
Telefon: (0228) 200 212
(oder über Vermittlung 2001)
Telex: adbpn d 886393

Herrn
Ronald Geyer
Lotzestraße 33

3400 Göttingen

Betr.: Auszeichnung mit dem Verdienstorden der
Bundesrepublik Deutschland;
hier: Ordensrichtlinien

Sehr geehrter Herr Geyer!

Anliegend übersende ich Ihnen das Statut des "Verdienstordens der Bundesrepublik Deutschland" vom 08. Dezember 1955 (BGBl. I S. 749) sowie die Ausführungsbestimmungen hierzu vom 20. Dezember 1966 (GMBl. 1973 S. 16). Hieraus können Sie nähere Einzelheiten für eine Auszeichnung mit dem Verdienstorden entnehmen.

Das Vorschlagsrecht ist in Art. 5 des Ordensstatuts geregelt. Anregungen sind jedoch zweckmäßigerweise über die zuständige Kreisverwaltungsbehörde bzw. den Herrn Regierungspräsidenten dem Herrn Ministerpräsidenten des Wohnsitzlandes zu unterbreiten. Hierbei sind die Verdienste und Leistungen des Auszuzeichnenden für das Allgemeinwohl eingehend darzulegen.

Mit freundlichen Grüßen
Im Auftrag

Kessler

Anlage

Winfried Bornemann
Fillerschloss

Herrn
Bundespräsidenten Carl Carstens
Adenauer Allee 135

53 B O N N

Betr. Bundesverdienstkreuz

Sehr geehrter Herr Bundespräsident,

in unserer Familie hält sich nun schon seit Wochen das Gerücht, man habe mich
für das Bundesverdienstkreuz vorgeschlagen. Ich will nicht leugnen, daß ich ein
caritativ veranlagter Mensch bin, der mit milden Gaben gar spendabel umgeht. So
würde ich mich nicht wundern, würde nicht aus allen Wolken fallen, wenn ich mein
Kreuz bekäme. Schwierig wird es aber in einem anderen Bereich: was wird an
Garderobe gewünscht an diesem festlichen Tag? Wer wird zu diesem Tage einge-
laden? (machen Sie das eventuell?)
Schließlich: gibt es besondere Benehmensregeln, wie Handkuß u.g.?
Ich kann mir vorstellen, daß Sie mit solchen Fragen täglich konfrontiert werden.
Sicher können Sie mir einen kleinen Leitfaden übersenden.

Mit besten Grüßen

Winfried Bornemann

Winfried Bornemann - Fillerschloss - 4504 Georgsmarienhütte - Tel.: 05401/31379
Bis zur Beantwortung bleibt der Brief mein Eigentum   Gerichtsstand Osnabrück

BUNDESPRÄSIDIALAMT
ORDENSKANZLEI

Az.: OK 3/04
(Bei Rückfragen bitte angeben)

Kaiser-Friedrich-Straße 16
5300 **BONN** 1, den

Telefon: (0228) 200 - 210
(oder über Vermittlung 2001)
Telex: adbpn d 886393

Herrn
Winfried Bornemann
Fillerschloss

4504 Georgsmarienhütte

Sehr geehrter Herr Bornemann,

auf Ihre an den Herrn Bundespräsidenten gerichteten Zuschriften möchte Ihnen die Ordenskanzlei mitteilen, daß bis zur Stunde ein Ihre Persönlichkeit betreffender Ordensvorschlag hier nicht vorliegt.

Mit vorzüglicher Hochachtung

(Dr. Ottinger)

Winfried Bornemann - Fillerschloss - 4504 Georgsmarienhütte   7.3.83

Fußballclub
Bayern München
Vorstand

8000 MÜNCHEN

Betr.: <u>KNÖCHELVERZEICHNIS</u>

Sehr geehrte Herren vom Vorstand,

mein Interesse am Fußball geht schon bis in die ersten Schülerjahre zurück. Damals war ich noch aktiv am Fußballgeschehen beteiligt. Inzwischen bin ich in die Jahre gekommen und zu den passiven Fußballfreunden übergewechselt. Dennoch ist die innige Verbindung zum runden Leder nicht abgebrochen.
Ich habe vor drei Jahren damit begonnen, ein Register der spektakulären Fouls deutscher Fußballspieler in nationalen und internationalen Spielen anzulegen. Allerdings nur Bundesliga. Ich habe es genannt "Das KNÖCHELVERZEICHNIS der Deutschen Bundesliga". Ich glaube nicht, daß irgendein Mensch vorher schon mal etwas derartiges zusammengestellt hat. So kann man auf einen Blick die großen Fouls von Rummenigge oder Breitner in den Jahren von 79 bis heute ablesen. Eine derartige Zusammenstellung ist interessant für Sportmediziner und Trainer. Es sagt etwas über die Moral eines Spielers, es ist gewissermaßen ein Charakterdiagramm des Spielers. Ich bin sicher, daß Sie an meinen Unterlagen interessiert sind. Es wäre sicher dann noch darüber zu sprechen, in welcher Höhe eine Honorierung meiner Bemühungen und Aktivitäten stattfinden kann. Vorerst geht es aber um die Frage, ob Sie generell an diesem Verzeichnis interessiert sind.

                                               Mit sportlichen Grüßen

Wer ist Alfred Piepmeyer?

Auf der Suche nach einem wohlklingenden Pseudonym bin ich schließlich in der engeren Verwandtschaft fündig geworden. Ein sympathischer älterer Herr, der allerdings aus verständlichen Gründen seine Augen tarnen möchte.

ALFRED PIEPMEYER   BIELEFELDER STR. 14   45 OSNABRÜCK

Landesarbeitsamt Niedersachsen - Bremen
Postfach 3747
3000 HANNOVER 1

Betr.: <u>Offene Stelle</u>   7.3.83

Sehr geehrte Damen und Herren,

ich weiß, daß alle Bürger unseres Landes aufgerufen werden, bei Ihnen jede offene Stelle zu melden. Das möchte ich hiermit tun. Neben meinem Haus befindet sich eine große offene Stelle im Ausmaß von etwa 4 x 6 Metern. Sie ist etwa 2,50 m tief. Bitte notieren Sie sich den Fall und sorgen Sie dafür, daß diese geschlossen wird. Ich glaube, daß damit mindestens zwei Mann, die vielleicht jetzt keine Arbeit haben, eine Woche beschäftigt sind. Auf diese Weise hoffe ich, daß ich (wenn auch nur einen kleinen Teil) meinen Beitrag zur Verringerung der Arbeitslosigkeit in diesem Lande geleistet habe. Ich wäre Ihnen sehr dankbar, wenn Sie mir mitteilen würden, wann in etwa mit der Arbeit begonnen werden kann.

Mit besten Grüßen

A. Piepmeyer

Hannover, den 18. März 1983

Sehr geehrter Herr Piepmeyer,

welchen Behördenweg auch immer Ihr Stellenangebot nimmt - Sie sollen wissen, daß einer (Unterfertigter) im Amt seine helle Freude an Ihrem Brief hatte.

Mit freundlichem Gruß

Mit der Hoffnung, daß sich unsere gute Zusammenarbeit auch im nächsten Jahr bewährt, verbinden wir Dank und beste Wünsche.
Nehmen Sie bitte die neue Fibel „was? wieviel? wer?" als ein kleines Zeichen für beides.

Mit freundlichen Grüßen
Ihr Arbeitsamt

gut beraten ▲ Bundesanstalt für Arbeit

Landesarbeitsamt Niedersachsen-Bremen
Der Präsident

Bundesanstalt für Arbeit

Landesarbeitsamt Niedersachsen-Bremen, Postfach 3747, 3000 Hannover 1

Herrn
Alfred Piepmeyer
Bielefelder Str. 14
4500 Osnabrück

Ihre Nachricht	vom 7.3.83
Durchwahl 8004-	318
Datum	23.3.83
Mein Zeichen	Ib1 - 5053 -

(Bitte bei jeder Antwort dieses Zeichen angeben)

Betreff: Beratung in Vermittlungsangelegenheiten

Sehr geehrter Herr Piepmeyer,

unter Bezug auf Ihr Schreiben vom 7.3.83 an die Bundesanstalt für Arbeit teile ich Ihnen mit, daß nach dem gesetzlichen Auftrag des Arbeitsförderungsgesetzes die Vermittlungstätigkeit der Bundesanstalt für Arbeit darauf gerichtet ist, Arbeitsuchende und Arbeitgeber zur Begründung von Arbeitsverhältnissen zusammenzuführen.

Sofern Sie - als Arbeitgeber - daran interessiert sein sollten, Arbeitnehmer im Rahmen eines Arbeitsverhältnis zu beschäftigen, möchte ich Sie bitten, mit dem Arbeitsamt Osnabrück, Johannistorwall 56, 4500 Osnabrück - das eine Durchschrift erhalten hat - in Verbindung zu treten, damit die notwendigen Einzelheiten zur Durchführung der Arbeitsvermittlung abgesprochen werden können.

Mit freundlichen Grüßen
Im Auftrag

HAUPTSTELLE FUR BEFRAGUNGSWESEN
Zweigstelle Hannover

3000 Hannover, den 18.04.83
Herschelstraße 3/4
Telefon 05 11 / 32 62 71

Az.: - ohne -

Hauptstelle für Befragungswesen, Zweigstelle Hannover
3000 Hannover 1
Herschelstraße 3/4

Herrn
Alfred Piepmeyer
Bielefelder Str. 14

4500 Osnabrück

Betr.: Offene Stelle

Sehr geehrter Herr Piepmeyer,

Von der Bundesanstalt für Arbeit erhielten wir eine Kopie
Ihres Schreibens vom 7.3.83. Die Hauptstelle für Befragungswesen ist eine bundesunmittelbare Behörde, die von anderen
öffentlichen Einrichtungen des Bundes eingeschaltet wird, wenn
sich im Umgang mit Bürgern besondere Probleme ergeben. Sehr
häufig lassen sich diese Probleme nach Aktenlage lösen, in
diesem Falle scheint es jedoch notwendig zu sein, Sie selbst
zu befragen.
Folgende Fragen sollten von Ihnen noch beantwortet werden:

1. Haben Sie wirklich eine offene Stelle?
2. Durch welchen Umstand ist die offene Stelle entstanden?
3. Sind Sie in der Lage, das erforderliche Material zu stellen?
4. Beabsichtigen Sie, die Arbeitnehmer in der Sozialversicherung
   anzumelden?
5. Stehen entsprechende Maschinen zur Verfügung, so daß auch
   Behinderte diese Arbeiten ausführen können?

Damit dieser Vorgang wegen der besonderen Dringlichkeit bald
abgeschlossen werden kann, bitten wir um baldige Beantwortung.

Im Auftrag
Dr. Graatz (O.Reg.Rat)

ALFRED PIEPMEYER BIELEFELDER STR. 14 45 OSNABRÜCK

12.1.83

Automobilclub von Deutschland
Postfach 710166
6000 FRANKFURT 71

Betr.: Sonntagsfahrer

Sehr geehrte Damen und Herren,

meine Schwägerin will es mir nicht glauben. Ich habe ihr Vorhaltungen gemacht, weil sie als ortsbekannte Sonntagsfahrerin wiederholt auch an einem Wochentage mit dem Auto unterwegs gewesen ist. Ich bin der festen Überzeugung, daß man sich dadurch im Falle einer Verkehrskontrolle ein paar saftige Flensburger Extrapunkte einfangen kann. Mir erscheint es logisch, daß ein Sonntagsfahrer nicht auch innerhalb der Woche am Steuer sitzen darf. Ein wenig Muffe hat sie schon gekriegt, doch ich habe ihr versprochen, diese Tatsache noch einmal von höchst amtlicher Stelle bestätigen zu lassen. Nun sind Sie dran.

Mit besten Grüßen

A. Piepmeyer

Automobilclub von Deutschland e.V.

Automobilclub von Deutschland e. V. · Postfach 71 01 66 · 6000 Frankfurt 71

Herrn
Alfred Piepmeyer
Bielefelder Str. 14

4500 Osnabrück

Ihr Zeichen:	Ihre Nachricht vom:	Unser Zeichen:	Durchwahl	Datum
	5/83	RV/vo-si	6606 242	13. Jan. 1983

Betr.: Sonntagsfahrer

Sehr geehrter Herr Piepmeyer,

wir danken für Ihr Schreiben vom 12.1.1983, mit dem Sie ein sehr
ernstes Problem angerissen haben. Ganz eindeutig darf ein Sonntagsfahrer nicht während der Woche fahren; deshalb heißt er ja so.
Wird er während der Woche bei einer Fahrt ertappt, werden Punkte
in das Flensburger Register eingetragen, und zwar richtet sich die
Anzahl der Punkte nach der Entfernung der Tage vom Sonntag. So koste
eine Fahrt am Samstag und am Montag einen Punkt. Am Freitag und am
Dienstag 2 Punkte und am Donnerstag und am Mittwoch jeweils 3 Punkte
Da jedoch eine große Anzahl von Autofahrern von dieser Punktebelastu
betroffen sind, hat sich der AvD beim Bundesminister für Verkehr
dafür eingesetzt, daß für den Fall, daß wieder ein Sonntagsfahrverbo
verordnet werden sollte, gerade diese Sonntagsfahrer am Sonntag
fahren dürfen, während alle anderen ihr Fahrzeug stehenlassen müssen

Wir hoffen sehr, daß wir als Interessenvertreter der Autofahrer hier
ein gutes Werk getan haben und verbleiben

mit freundlichen Grüßen
AUTOMOBILCLUB VON DEUTSCHLAND EV
Abt. Recht und Verkehr

(E s c h m a n n)

Alfred Piepmeyer   Bielefelder Str. 14   45 Osnabrück   5.3.83

Herrn   Minister
Dr. Norbert Blüm
Bundeshaus

53 BONN

Sehr geehrter Herr Minister,

ich gehöre nicht zu den Menschen, die es sich zutrauen, Ihre politischen
Aussagen zu bewerten. Dazu fehlt mir die Zeit und der Sachverstand. Ich höre
einfach nur gern zu, wenn Sie reden. Engagiert, kraftvoll und immer den Mund
voller blümiger Worte. So würde es mich einfach mal interessieren, wie Ihnen
beispielsweise der Gag mit der Melkmaschine eingefallen ist. Sie wissen doch:
der Unterschied zwischen der SPD und der CDU. Viele Gags stammen sicher
auch noch aus der Zeit, als Sie bei Opel am Fließband standen.
Wird es bald ein Bändchen mit Ihren besten Sprüchen auf dem Buchmarkt geben,
auf das sicher viele Fans von Ihnen schon lange warten? Der ehemalige Kultus-
minister Remmers von Niedersachsen hat vor kurzem ein solches Spruchwerk
herausgebracht. Mit dem könnten Sie sich zusammentun. Wahrscheinlich fallen
einem aber die besten Sprüche ein, wenn man es mit einem politischen Gegner
zu tun hat.
Es würde mich sehr freuen, von Ihnen zu hören. Vielleicht ist es auch möglich,
daß Sie mir ein kleines Bild von Ihnen mitschicken. Als Beweis für meine Frau,
die Sie auch sehr mag und nicht glaubt, daß ich diesen Brief wirklich schreibe.

                    Mit besten Grüßen

                    H. Piepmeyer

Dr. Norbert Blüm
Bundesminister
für Arbeit und Sozialordnung

Bonn, den 31.März 1983

Herrn
Alfred Piepmeyer
Bielefelder Str. 14

4500 Osnabrück

Sehr geehrter Herr Piepmeyer,

manchmal gehört zum Lob mehr Mut als zum Tadel. Weil Sie es sich nicht leicht gemacht haben, mir zu schreiben und mir Ihre Sympathie zu zeigen, habe ich mich über Ihren Brief gefreut.

Das, was Sie an meiner Sprache freut, ist zumeist Produkt des Augenblicks, gewachsen aus Gesprächen vor allem mit Menschen, die noch reden, wie ihnen der Schnabel gewachsen ist. Ihre Anregung, meine "besten Sprüche" in einem Bändchen zusammenzufassen, werde ich mir durch den Kopf gehen lassen.

Ihrer Bitte, Ihnen ein Bild zu schicken, komme ich gerne nach. Sie erhalten es beigefügt.

Mit Dank für Ihre Geste der Kostenentlastung des Bundes in Form einer Briefmarke

mit freundlichen Grüßen

Norbert Blüm

Rochusstraße 1 · Postfach 14 02 80 · 5300 Bonn 1 · Fernruf (02 28) 5 27-21 92 oder 21 93 · Telex 8 86 641 · Telefax (02 28) 5 27-29 65

ALFRED PIEPMEYER   BIELEFELDER STR. 14   45 OSNABRÜCK

14.1.83

Ständige Vertretung der Deutschen Demokratischen Republik

Godesberger Allee 18

53 BONN 2

Betr.: <u>Besteigung des Brockens/Harz vom Osten her</u>

Sehr geehrte Damen und Herren,

in den letzten Monaten bin ich zum passionierten Bergsteiger geworden. Da noch kein Bergsteiger vom Himmel gefallen ist, habe ich mich erst den kleinen und mittleren Massiven meiner Umgebung zugewandt. Inzwischen gibt es keinen Gipfel des Teutoburger Waldes und auch des westlichen Harzes mehr, der mich nicht auf seiner absolut höchsten Stelle gesehen hätte.
Ein großer Brocken fehlt mir noch. Der Brocken als höchster Berg des Harzes. Ich möchte ihn im Februar von Osten her bezwingen und bitte um eine Genehmigung für dieses Vorhaben. Ich werde allein kommen und der Aufenthalt soll etwa 3 Tage dauern.
Ich bitte um Nachricht, welche Formalitäten ich zu erfüllen habe.

Mit freundlichen Grüßen

A. Piepmeyer

STÄNDIGE VERTRETUNG DER DEUTSCHEN DEMOKRATISCHEN REPUBLIK

– KONSULARABTEILUNG –

Herrn
Alfred Piepenmeyer
Bielefelderstr. 14-

4500 Osnabrück

5300 Bonn 2, 15.02.1982
Godesberger Allee 18

Sehr geehrter Herr Piepenmeyer!

Unter Bezugnahme auf Ihre Zuschrift teilen wir Ihnen mit, daß die Beantragung einer Einreise in die Deutsche Demokratische Republik als Tourist über ein Reisebüro in der Bundesrepublik Deutschland möglich ist.

Als Anlage erhalten Sie die Anschriften von einigen Reisebüros, die solche Anträge entgegennehmen und aufgrund einer vertraglichen Vereinbarung mit der Generaldirektion des Reisebüros der DDR bearbeiten.

Wir empfehlen, daß Sie sich in allen Fragen, die im Zusammenhang mit Ihrer Touristenreise stehen, an eines der genannten Reisebüros bzw. an eine ihrer Zweigstellen wenden.

Touristische Einreisen in das Grenzgebiet der Staatsgrenze zur BRD sind nicht möglich.

Mit vorzüglicher Hochachtung

Anlage

ALFRED PIEPMEYER   BIELEFELDER STR. 14   45 OSNABRÜCK

14.1.83

Hochschulverband
Pressestelle
Rheinallee 18

5300 BONN 2

Sehr geehrte Herren,

meine eigenen Studienjahre liegen schon eine geraume Zeit zurück. Damals gab es an der Uni nur Professoren und Assistenten, die man leicht auseinanderhalten konnte. Mit Studienreform und Einführung des Bafög ist die Sache ja immer komplizierter geworden. Inzwischen gibt es einen Assistenzprofessor, wenn ich das richtig mitbekommen habe.
Das absolut neueste auf dem Professorenmarkt ist nach Meinung meines Sohnes nun der <u>Mikroprofessor</u>. So richtig wußte er auch nicht, für welche universitären Aufgaben dieser Mensch zuständig ist. Wir haben Vermutungen angestellt, die ich Ihnen eigentlich gar nicht vortragen möchte: ein Professor, der ausschließlich per Mikrophon seine Vorlesungen hält. Oder. So etwas wie ein kleiner Professor zur Probe. Vermutungen haben ja oft auch etwas abwegiges. Deshalb mein Brief an Sie mit der Bitte um Aufklärung.

Mit freundlichem Gruß

A. Piepmeyer

Hochschulverband
PRESSESTELLE

Rheinallee 18
5300 Bonn 2 (Bad Godesberg)
Telefon: (02 28) 35 59 44

Herrn
Alfred Piepmeyer
Bielefelder Str. 14

4500 Osnabrück

Bei Antwort bitte angeben:

Az. I/321
2. Februar 1983

Sehr geehrter Herr Piepmeyer,

auf Ihre freundliche Anfrage vom 14. Januar 1983 teile ich Ihnen folgendes mit:

Sie haben recht, heutzutage ist der Übergang vom Studenten zum Professor - rein äußerlich gesehen - nicht mehr so gravierend wie wohl während Ihrer Studienjahre, die doch eine geraume Zeit zurückliegen mögen. Schon hinsichtlich des Alters ist es nämlich nicht immer leicht ersichtlich, wer was ist, da viele Studenten immer länger studieren und gleichzeitig immer jüngere Professoren anzutreffen sind.

Zu den jüngeren gehört nach den hier vorliegenden Unterlagen auch jener Hochschullehrer, nach dem Sie fragen. Professor Dr. Pit Speicher, ein äußerst integraler Mann, ist der bisher einzige Hochschullehrer für das "Kleine-" oder auch "Mikroprozessrecht" in der Bundesrepublik. Erst kürzlich wurde er noch als Bauer von H 2 nach C 3 übergeleitet, nachdem er seine Habilitation zum Thema "Die Bedeutung der Verwendung makrobiologischer Paranüsse bei mikrobiologischen Prozessen" abgeschlossen hatte.

Bei der Bezeichnung 'Mikroprofessor' handelt es sich demnach nicht um eine Amtsbezeichnung, sondern vielmehr um die Bezeichnung als Fachwissenschaftler (vergl. z.B. 'Kunstprofessor').

In der Hoffnung, Ihnen gedient zu haben, verbleibe ich

mit den besten Grüßen
Ihr

Bence Fritzsche M.A.
Pressechef

ALFRED PIEPMEYER   BIELEFELDER STR. 14   45 OSNABRÜCK

Geschäftsleitung
MAUSER Werke
7238 Oberndorf

Sehr geehrte Herren,

ich habe seit Jahren einen nerventreibenden Streit mit meinem Nachbarn zur rechten. Neulich hat er mir gedroht, daß etwas Fürchterliches passieren werde, falls wir uns mal nachts begegneten. Da bin ich doch hellhörig geworden. Wenn man sich seiner Verantwortung gegenüber Frau und Kindern bewußt ist, kann man die Sache nicht einfach auf sich beruhen lassen und davon ausgehen, daß irgendwann wieder eine Beruhigung eintritt. Ich muß handelnd vorbeugen, das ist mir klar geworden. Sie ahnen wahrscheinlich schon, warum ich mich gerade an Sie als Waffenexperten wende. Ich suche nach einer Möglichkeit der Abschreckung. Ich denke dabei an einen kleinen raketenartigen Flugkörper, den ich von meinem Balkon aus abschießen kann, der einen begrenzten Schaden anrichtet und fast lautlos ins Ziel fliegt. So eine Art Mini-Pershing für die kleinen nachbarlichen Konflikte. Vielleicht doppelt so groß wie eine stattliche Sylvesterrakete, aber eben mit mehr Sprengkraft. Ganz dufte wäre es ja, wenn es dazu passend einen kleinen Neutronensprengkopf gäbe, der ja keinen sichtbaren Schaden am fremden Eigentum hinterließe. Ich könnte mir vorstellen, daß in Ihrer Entwicklungsabteilung schon mal so ein Ding entstanden ist. Vielleicht zur Gesellenprüfung oder so. Andererseits bin ich der Meinung, daß auf dem Felde der Kleinstraketen für kleine Streitereien auch für Sie eine ungeahnte Marktlücke liegen dürfte. Der Balkon oder das Kellerfenster als Abschußrampe. Die großen Raketen will doch bald keiner mehr haben, Sie sehen es ja an den Schwierigkeiten bei der Pershing Stationierung. Nun genug der Worte.
Ich bitte um eine Preisangabe mit Bild, falls Sie mir schon jetzt meinen Wunsch erfüllen könnnen. Mein Nachbar soll sich wundern.

Mit besten Grüßen
A. Piepmeyer

Mauser-Werke Oberndorf GmbH

Mauser-Werke Oberndorf GmbH, Postfach 1349 + 1360, 7238 Oberndorf

Herrn
Alfred Piepmeyer
Bielefelder Str. 14

45oo Osnabrück

Ihre Zeichen	Ihre Nachricht vom	Unsere Zeichen	Bearbeiter	Durchwahl-Ruf Nr.	Tag
		Pa/Ma	Panek	(07423) 70- 433	14.3.83

Betr.: Ihre Anfrage vom 5.3.83

Sehr geehrter Herr Piepmeyer!

Eine angemessene Antwort auf Ihre Anfrage zu geben, fällt uns nicht leicht, da die Intention Ihres Schreibens nicht ganz klar wird.

Sollte es sich bei Ihrem Schreiben um einen verspäteten Karnevals- oder einen verfrühten Aprilscherz handeln, so kann man nur sagen: Über Geschmack läßt sich nicht streiten.

Falls das Verhältnis zu Ihrem Nachbarn - wie von Ihnen skizziert - nicht gut-nachbarlich ist, so bedauern wir dies, glauben jedoch, daß die Verwirklichung Ihrer Idee nicht eine eigentliche Lösung des Problems mit sich bringen würde, sondern eher die Gefahr der Eskalation in sich birgt. Im übrigen enthält unsere Produktpalette nichts in der von Ihnen gewünschten Art.

Mit freundlichen Grüßen

MAUSER-Werke Oberndorf GmbH.

(i. V. Panek)

ANSCHRIFT
Teckstraße 11, 7238 Oberndorf/Neckar

Vorsitzender des Aufsichtsrates: Dr.-Ing. Gerd Gassner
Geschäftsführer: Helmut Eppe (Sprecher),
Dr.-Ing. Michael Korn, Fritz Krempel, Klaus Schmitz (stellvtr.)
Handelsregister: Amtsgericht Rottweil HRB 182 Ob

TELEFON
(07423) 701

TELEGRAMME
Mauserwerke-Oberndorfneckar

TELEX
760307
760301 Waffensysteme   760318 Jagdwaffen
760314 Maschinenbau   760319 Meßtechnik

Osnabrück, den 16.1.83

Lieber Chef!

Ich heiße Alfred und wohne in Osnabrück. Ich habe einen kranken Hund. Ob ich Ihn wohl mit Lebkuchen wieder gesund kriege? Das sagt ja schon der Name, das er davon wieder munter und lebendig wird. Darf er ein ganzes Paket auf einmal. Bitte schreiben Sie mir mal.

Viele Grüße von Alfred

Alfred Piepmeyer
Bielefelder Str. 14
45 Osnabrück

H · BAHLSENS KEKSFABRIK KG · HANNOVER

Schüler
Alfred Piepmeyer
Bielefelder Str. 19

4500 Osnabrück
                                                  1. Februar 1983
                                                  sty

Lieber Alfred!

Für Deinen Brief vom 16. Januar 1983 bedanken wir uns sehr.
Leider können wir Dir nicht sagen, ob Dein kranker Hund durch
Essen von Lebkuchen wieder gesund werden kann. Wir möchten Dir
vorschlagen, vielleicht einen Tierarzt zu fragen, was Dein Hund
für eine Krankheit haben kann, damit dieser ihm die richtige
Medizin verschreibt.

Ich nehme an, Du glaubst, weil Lebkuchen mit der Silbe "Leb"
beginnt, dieses "Leben" (gesund werden) heißen muß; das stimmt
aber nicht. Wir haben aus alten Rezepten und Büchern herausge-
funden, daß es nicht eindeutig zu beweisen ist. Die Historiker
meinen, die Silbe "Leb" deute nicht auf Leben hin, sondern vermuten, daß es eine Ableitung von "Laib" = Brot sein kann und
somit früher "Brotkuchen" zum heutigen Lebkuchen gesagt wurde.

Wir hoffen, daß Dein Hund in den inzwischen vergangenen 14 Tagen
wieder quicklebendig ist und mit unserer Information und den
beiliegenden Keksen (von denen Dein Hund sicher auch ab und zu
ein Stück fressen darf) zufrieden bist.

Mit freundlichen Grüßen vom Chef der Qualitätssicherung

                                           H. Bahlsens Keksfabrik KG
                                           ppa.

                                           Dr. G. Rohns

Alfred Piepmeyer   - Bielefelder Str. 14   - 45 Osnabrück

Deutscher Tierschutz
Informationszentrale

7506 Bad Herrenalb 3

                                                              18.1.83

Betr.: <u>**Pudelmütze**</u>

Sehr geehrte Damen und Herren,

mit unverhohlener Sympathie verfolge ich den Einsatz verschiedener Organisationen zum Schutz unserer Tierwelt. So habe ich weder Verständnis dafür, was alljährlich mit den Robben vor Kanadas Küste passiert, noch kann ich begreifen, wie man sich heute noch einen Leopardenmantel zulegen kann.
Eigentlich habe ich geplant, mir für diesen Winter eine Pudelmütze zuzulegen. Ich gebe zu, daß ich nicht frei von Gewissensbissen bin, obwohl ich weiß, daß die Pudel auf unserer Erde noch nicht so selten sind wie beispielsweise der Tiger oder das Nashorn.
Ich erwarte Ihren fachlichen und auch tierfreundlichen Rat.

                                     Mit besten Grüßen

                                     A. Piepmeyer

DEUTSCHER TIERSCHUTZ
INFORMATIONSZENTRALE E.V.
7506 Bad Herrenalb 3,
25.01.1983

Herrn
Alfred Piepmeyer
Bielefelderstr. 14

4500 Osnabrück

Betr.: Ihr Schreiben i. S. PUDELMÜTZE

Sehr geehrter Herr Piepmeyer,

humorig-freundliche Zuschriften sind im Tierschutz selten.

Würden sich alle Pelzfans vor der Anschaffung aus Tier-Produkten hergestellter Kleidung, wie Sie, informieren, könnten die kommerziell geprägten „Geier" keinem Verbraucher das Fell über die Ohren ziehen.

Zur Sache: Weil zahlreiche Pudel infolge der opferbereiten Liebesauswucherungen ihrer Freunde durch frühzeitige Arterien- und Herzverfettung einen sogenannten natürlichen Tod erleiden, besteht an Pudel-Mützen-Material kein Mangel. Keine Mini-, Mittel- oder Großpudel müssen deshalb leiden oder sterben, wenn sich Menschen mit Pudelmützen ausrüsten.

Sie können sich also bedenkenlos mit einer Pudelmütze vor der Kälte dieser Welt schützen.

Sollten Sie jedoch aus Sorge vor Anpöbelei notorisch oder pathologisch vermeckerter Tierfreunde dennoch Bedenken haben, hier noch ein Tip, wie Sie sich vor Motzerei emotionell überkandidelter Tierschützer bewahren können.

Ziehen Sie sich Ihre Pudelmütze soweit über Augen und Ohren, daß Sie selbst nicht mehr zu erkennen sind, aber gerade eben noch schielen und lauschen können. So sehen Sie, wenn ein Rüpel sein Maul aufreißt und können mit knurren und kläffen reagieren.
(Vorher fleißig üben!)

Hiermit hoffen wir, Sie so wunschgemäß beraten zu haben.

Mit pudelmützen-freundlichen
Grüßen
(Werner Bentkowski)

ALFRED PIEPMEYER   BIELEFELDER STR. 14   45 OSNABRÜCK

7.3.83

Deutsche Gesellschaft für
Zahn- Mund- und Kieferheilkunde
z. Hd. Herrn Dr. Tiegelkamp
Lindenmannstr. 94-96
4 Düsseldorf

Sehr geehrter Herr Dr. Tiegelkamp,

bitte entschuldigen Sie, daß ich Sie bei Ihren Geschäften störe. Ich will mein
Anliegen deshalb auch kurz machen.
Ich bin in der letzten Woche bei meinem Zahnarzt gewesen, um mal wieder
alles nachsehen zu lassen. Ich hatte keinerlei Beschwerden, nur so. Der
Arzt hat alles durchgesehen und mir anschließend eröffnet: "Ihre Zähne, Herr
Piepmeyer, sind in Ordnung......aber ihr Zahnfleisch muß raus." Mehr nicht.
Ich sollte anschließend einen Termin mit der Sprechstundenhilfe machen, doch
dazu ist es nicht gekommen, weil ich auf dem kürzesten Wege die Praxis verlassen habe. Was soll ich nun machen? Raten Sie mir, evtl. mal bei einem
anderen Zahnarzt vorbeizuschauen? Ich weiß im Augenblick nicht weiter. Bitte
geben Sie mir einen Rat.

                                    Mit besten Grüßen

                                    A. Piepmeyer

MEDIZINISCHE HOCHSCHULE HANNOVER

Poliklinik für Zahnärztliche Prothetik
Prof. Dr. T. Jung · Prof. Dr. A. Roßbach
Zentrum Zahn-, Mund- und Kieferheilkunde

MHH · Zahnärztliche Prothetik · Postfach 61 01 80 · D-3000 Hannover 61

Herrn
Alfred Piepmeyer
Bielefelder Str. 14

45oo Osnabrück

Ihre Zeichen	Ihre Nachricht vom	Mein Zeichen	Durchwahl - Nr.	Hannover
		Ju/ba	(0511)532-4775	2o. April 198

Sehr geehrter Herr Piepmeyer,

ich bestätige die Kopie Ihres Briefes vom 7.3.1983 an
Herrn Dr. Tiegelkamp sowie die Kopie seiner Antwort vom
15.3.1983.

Falls Sie in unserer Klinik eine Beratung wünschen, bitte ich
Sie, sich in der Aufnahmeabteilung vorzustellen. Als Mitglied
einer Orts-, Betriebs- oder Landkrankenkasse benötigen Sie einen
Krankenschein. Als Mitglied einer Ersatzkasse benötigen Sie eine
Überweisung.

Der bei Ihnen zu erhebende Gebißbefund wird die Grundlage einer
Beratung sein.

Mit freundlichen Grüßen

Jung

(Prof. Dr. T. Jung)

ALFRED PIEPMEYER BIELEFELDER STR. 14 45 OSNABRÜCK

Bundesrechnungshof
Der Präsident
Berliner Str. 51

6000 FRANKFURT 1

HOTEL-RESTAURANT
Weinhaus „Bopparder Hamm"
BESITZER KARL GRUNEWALD
Koblenzer Straße 202 BOPPARD AM RHEIN Telefon: 06742 - 2557
Gute Küche · Gepflegte Getränke · Schöne Fremdenzimmer
Eigener Weinbau Parkplatz am Hause
Bankkonto: Volksbank Boppard 1768

RECHNUNG für			Zimmer Nr. 3
Ankunft: 3.7.82	Abreise: 4.7.82		DM
2	Übernachtung(en) mit Frühstück	27,-	54,-
	Halb-/Vollpension		
	Speisen		
	Getränke		
	Telefon		
2	Kurtaxe	0,80	1,60
		Gesamtbetrag	55,60

Datum: 3.7 82

Betr.: Überprüfung der beigelegten Rechnung

Sehr geehrte Damen und Herren,

wenn man den Zeitungsmeldungen der letzten Monate Glauben schenken darf,
sind Sie eine kritische und unbestechliche Instanz. Sie überprüfen im Auftrage
der Bürger Rechnungen und scheuen sich auch nicht, im Falle von Unangemessen-
heit und Überhöhung dies sachlich festzustellen.
Dies veranlaßt mich, die beigelegte Rechnung bei Ihnen zur Prüfung vorzulegen.
Wie Sie leicht ersehen können, hat man mir zweimal die Kurtaxe in Rechnung gestellt, obwohl ich nachweislich mit einem Vespa Roller in Boppard unterwegs
war.
Die Sache ist von mir erst jetzt entdeckt worden, als ich die Belege für das
Finanzamt (Lohnsteuerjahresausgleich zusammengestellt habe.
Bitte geben Sie mir ein objektives Gutachten.

Hochachtungsvoll

A. Piepm—

Der Präsident
des Bundesrechnungshofes

Pr/Presse

D-6000 Frankfurt am Main 1, 26. Jan. 198
Berliner Straße 51
Fernsprecher: 2 17 63 43
Postfach 24 09

Herrn
Alfred Piepmeyer
Bielefelder Str. 14

4500 Osnabrück

Betr.: Überprüfung einer Hotelrechnung
       Ihr Schreiben vom 19.01.1983

Sehr geehrter Herr Piepmeyer,

für Ihr Interesse an der Tätigkeit des Bundesrechnungshofes
danke ich Ihnen. Sie gehen in Ihrem Schreiben offensichtlich
davon aus, daß es dem Bundesrechnungshof möglich ist, grund-
sätzlich alle Lebenssachverhalte zu überprüfen. Der Bundesrechnungshof kontrolliert jedoch nur die Ordnungsmäßigkeit
und Wirtschaftlichkeit der Haushalts- und Wirtschaftsführung
des Bundes einschließlich seiner Sondervermögen und Betriebe.
Ich sehe daher leider keinerlei Möglichkeit, die von Ihnen
übersandte Hotelrechnung v. 03.07.1982 von hier aus einer
Überprüfung zu unterziehen.

Ich empfehle Ihnen, sich an die Stadt Boppard zu wenden.

Mit freundlichen Grüßen
Im Auftrag

v. Gall

Wie bewerbe ich mich richtig?

WINFRIED BORNEMANN
FILLERSCHLOSS
4504 GEORGSMARIENHÜTTE

5.3.83

Festspielleitung der
Karl May Festspiele

236 Bad Segeberg

Betr.: <u>Bewerbung als Indianer</u>

Sehr geehrte Damen und Herren,

wenn ich es richtig sehe, gehen bei Ihnen bald die Proben für die diesjährigen Festspiele los. Ich könnte mir vorstellen, daß Sie da noch ein paar gute Indianer brauchen, zumal Pierre Brice wohl in diesem Jahr nicht mehr mitmacht. Ich habe alle Bände von Karl May gelesen und habe auch eine etwas rötliche Haut, so daß wohl keinerlei Probleme mit der Schminke bestehen dürften. Mein eigenes Pferd würde ich selbstverständlich auch mitbringen. Bitte geben Sie mir rechtzeitig bescheid, damit ich mich hier frei machen kann.

Mit besten Grüßen

Wenn Sie von mir am selben Tage mehrere Briefe erhalten, so ist dies eine Folge der maschinellen Postverarbeitung. Ein Aussortieren von Hand wäre teurer als mehrfaches Porto.

Klaus-Hagen Latwesen
- Intendant -

Schlüterstr. 8o a
2000 Hamburg 13
Tel.: 040 / 38 45 29
       45 47 22

Kalkberg GmbH · Am Kalkberg 18a · 2360 Bad Segeberg

BAD SEGEBERG

Schirmherr: Landtagspräsident Dr. Lemke
Vors. des Aufsichtsrates: Bürgermeister Uwe Menke
Geschäftsführer: Holger Thede, Ernst Reher
HRB 200 Bad Segeberg
☏ 04551 · 5 72 36 · 75 45

Hamburg, den 6.4.1983

Sehr geehrter Herr Bornemann!

Die Kalkberg GmbH hat mir Ihren Brief gegeben. Ich weiß nicht
genau, wie Sie sich das mit Pferd vorstellen, da Sie ja außerhalb von Segeberg wohnen, und da gibt es sicher auch noch das
Geldproblem. Vielleicht rufen Sie mich einmal an.

Mit freundlichen Grüßen

(Unterschrift)

Ps.:

Foto zu meiner Entlastung zurück

Bankkonten: Kreissparkasse Bad Segeberg 44 644 (BLZ 230 510 30)
Segeberger Volksbank 1573 920 (BLZ 230 910 39)

15.3.83

Winfried Bornemann

Nationalgalerie
Potsdamer Str. 50
1000 Berlin 30

Betr.: <u>Bewerbung als Wächter</u>

Sehr geehrte Damen und Herren,

nach fast 20 jähriger Wanderschaft bin ich wieder auf das elterliche Anwesen
zurückgekehrt und möchte mich nun wieder in den normalen Arbeitsprozess
eingliedern. Böse Zungen sagen mir nach, ich sei die ganzen Jahre über als
Penner durchs Land gezogen. Richtig daran ist nur, daß ich in der Tat sehr viel
geschlafen habe. Ich bin inzwischen so ausgeruht, daß ich gerade diese Qualifikation
für Sie nutzen möchte. Ein Wächter, der nie müde wird, den haben Sie doch sicher
schon lange gesucht. Außerdem darf ich zugeben, daß mir natürlich selbst alle
Tricks bekannt sind, wie man in ein Haus wie das Ihrige hineingelangt. Als Mann
vom Fach habe ich also für diese Aufgabe viele Vorzüge, die Sie nutzen können.
Zufällig bin ich in etwa 2 Wochen in   Berlin, um einen alten Freund zu besuchen.
Ich könnte bei dieser Gelegenheit mal kurz bei Ihnen reinspringen. Bitte teilen Sie
mir mit, bei wem ich mich zu melden habe.

Mit besten Grüßen

Winfried Bornemann

WINFRIED BORNEMANN   FILLERSCHLOSS   4504 GEORGSMARIENHÜTTE

STAATLICHE MUSEEN
PREUSSISCHER KULTURBESITZ
BERLIN

NATIONALGALERIE

Potsdamer Straße 50
D-1000 Berlin 30 (Tiergarten)
Telefon (030) 2662654 oder 2 66-6
den 23.März 1983

Nationalgalerie SMPK, Potsdamer Straße 50, D-1000 Berlin 30

Herrn
Winfried Bornemann
Fillerschloß

4504 Georgsmarienhütte

Sehr geehrter Herr Bornemann,

haben Sie Dank für Ihre freundlichen Zeilen, mit denen Sie
sich um eine Anstellung als Nachtwächter bewerben.

Gegenwärtig gibt es jedoch hier bei der Nationalgalerie keine
Vakanz. Ich habe Ihre Bewerbung aber noch weitergereicht an
die Generalverwaltung, die für den gesamten Bereich von 14
Staatlichen Museen in Berlin zuständig ist.

Mit freundlichen Grüßen
Im Auftrag

(Dr. Peter Krieger)
  - Oberkustos -

Winfried Bornemann   Fillerschloß

RMA Rhein - Main - Adress
Direktwerbungsgesellschaft mbH
Siemensstr. 10
6380 Bad Homburg

Wenn Sie Erfahrung haben im Verkauf, im Gespräch mit Kunden und solchen, die es werden sollen, und das in einem Arbeitsgebiet, das in jedem Unternehmen einen wichtigen Platz einnimmt in der Werbung —

Wenn Sie gern Ihre eigenen Ideen verwirklichen wollen, gern telefonieren, korrespondieren und sich im Markt umsehen — Wenn Sie dazu noch die wesentlichsten kaufmännischen Grundlagen beherrschen —

Dann können Sie bei uns als

Kundenkontakter(in)

oder als Verkaufs-Sachbearbeiter oder -bearbeiterin einen interessanten und gut bezahlten Wirkungskreis finden.
Unser Unternehmen ist in einem expandierenden Markt tätig: Direktmarketing, Direktwerbung.
Die Zugehörigkeit zu einem der größten Medien-Konzerne sichert Ihre soziale Position.

Bitte schicken Sie uns Ihre Bewerbung oder rufen Sie uns an, wenn Sie vorab noch Informationen wünschen.

**RMA Rhein-Main-Adress
Direktwerbegesellschaft mbH**
Siemensstraße 10, 6380 Bad Homburg, Tel.: 0 61 72 / 2 50 25

Betr.: <u>Bewerbung als Kundenkontakter - Ihre Anzeige in der FR vom 5.3.83</u>

Sehr geehrte Damen und Herren,

just beim Frühstück habe ich Ihre Anzeige gelesen und sofort die Tasse aus der Hand gestellt. Schon lange nicht mehr hatte ich das zwanghafte Verlangen, mich sofort an die Maschine zu setzen. Deshalb werden Sie es mir nachsehen, daß ich noch nicht dazu gekommen bin, meine Zeugnisse und andere Unterlagen zusammenzustellen. Das hat ja auch noch ein bißchen Zeit.

Ich bin ein sehr kontaktfreudiger Mensch und habe einen großen Freundeskreis. Außerdem bin ich ein Mann, der vorzugsweise seine eigenen Ideen verwirklicht, gern telefoniert (letzte Rechnung 316 DM) korrespondiert und sich mit Vorliebe auf dem Markt umsieht. Letzteres kann zum Leidwesen meiner Frau oft Stunden dauern. Außerdem beherrsche ich die wesentlichen kaufmännischen Grundlagen, hauptsächlich Prozentrechnung und Zinsrechnung. Das alles haben Sie auch in Ihrer Anzeige aufgeführt, woraus Sie sofort ersehen können, daß ich hervorragend für diese Aufgabe geeignet bin. Deshalb ist für mich schon heute klar, daß ich bald bei Ihnen anfangen werde.

In den nächsten Wochen bin ich zufällig in Frankfurt, so daß ich Zeit hätte, mal kurz bei Ihnen reinzuspringen. Schreiben Sie mir bitte, wo ich mich zu melden habe. Alle weiteren Einzelheiten könnten wir dann an Ort und Stelle besprechen.

Bis bald mit den besten Grüßen

RMA

Rhein-Main-Adress Direct-Marketing

Herrn
Winfried Bornemann
Fillerschloß

4504 Georgsmarienhütte

17.o3.1983

Sehr geehrter Herr Bornemann,

vielen Dank für Ihre Bewerbung als Kundenkontakter.

Leider können wir Ihnen - auch nach nochmaliger Prüfung - heute keinen positiven Bescheid geben.
Wir dürfen Ihnen aber ausdrücklich bescheinigen, daß unsere Entscheidung gegen Sie nichts mit Ihrer fachlichen Qualifikation zu tun hat. Von dieser sind wir nämlich aufgrund Ihrer 'flotten Schreibe' und Ihrer, in der Bewerbung zum Ausdruck gekommenen Kreativität, die wir als in der Werbebranche tätiges Unternehmen von unseren Mitarbeitern unbedingt fordern, überzeugt.

Gegen Sie spricht vielmehr - unser Gewissen. Dieses würde aus zwei Gründen nämlich heftig schlagen - denn

1. können wir es in der gegenwärtigen wirtschaftlichen Situation nicht verantworten, daß Sie Ihre gesicherte (ruhige?) Position als beamteter Lehrer gegen die bei uns zu besetzende Stelle des stark geforderten Kundenkontakters eintauschen;

2. möchten wir nicht zu einer möglichen Zerrüttung Ihrer Ehe beitragen. Bei uns müßten Sie sich nämlich nicht nur stundenweise auf dem Markt umsehen, was Sie ja bereits zum Leidwesen Ihrer Frau tun, sondern vielmehr pergament (Entschuldigung - sollte heißen: permanent).

Im übrigen sehen wir einen kausalen Zusammenhang zwischen einer glücklichen Ehe und der Arbeitsleistung unserer Mitarbeiter.

Wir hoffen, Sie akzeptieren diese Begründung.

Blatt: 2   vom: 17.o3.1983   an: Herrn Bornemann

Sehr geehrter Herr Bornemann, vielleicht sind Sie uns trotz dieser Ablehnung mit Ihren Fähigkeiten in der Prozentrechnung bei der Lösung eines Problems behilflich.
Bitte teilen Sie uns doch mit, wie groß die Wahrscheinlichkeit - in % ausgedrückt - ist, daß sowohl Ihr Bewerbungs- als auch dieses Antwortschreiben demnächst in einem Buch Marke "Zu schade ... zum Wegradieren" erscheint.

Ihrer Antwort sehen wir mit Freude entgegen.

Mit freundlichen Grüßen

R H E I N - M A I N - A D R E S S
- Direktwerbegesellschaft mbH -
ppa.

Dieter Schefer

Winfried Bornemann   Fillerschloß   4504 Georgsmarienhütte   10.3.83

An den
Fraktionsvorsitzenden der SPD
Hans Jochen Vogel
Bundeshaus

53 BONN   **Vertraulich**

Keine Antwort!

Betr.: <u>Kanzlerkandidat</u>

Sehr geehrter Herr Dr. Vogel,

es hat am 6. März nicht sein sollen, das Leben geht weiter. Sie haben die
Konsequenzen gezogen und den undankbaren Posten des Fraktionsvorsitzenden
übernommen. Normalerweise wird da so viel zu tun sein, daß Sie voll ausgelastet
sind. Außerdem sollte ja auch noch ein bißchen Zeit für Hobby und Familie
bleiben. Folglich sollte man es Ihnen nicht zumuten, in vier Jahren noch einmal
als Kanzlerkandidat anzutreten. Diese Strapazen sollten sich andere zumuten, die
bis jetzt noch wenig für die Partei getan haben. Ich zum Beispiel. Ich gebe selbst-
kritisch zu, daß ich in den letzten Jahren mehr für die Partei hätte tun können.
Während Sie in den letzten Monaten von einer Veranstaltung zur anderen gehetzt
sind, habe ich gemütlich vorm Kamin gesessen und die Beine hochgelegt. Ich habe
keine Flugblätter verteilt und bin sogar der Diskussion mit "grünen" Kollegen
ausgewichen. Das soll nun anders werden. Mein Entschluß steht fest, daß ich mich
der SPD als Kanzlerkandidat 1987 zur Verfügung stellen werde. Nun weiß ich, daß
man langsam in diese Aufgabe hineinwachsen muß. Deshalb schlage ich vor, daß
wir uns erst einmal unter vier Augen treffen und Sie mir ein paar Tips geben. Es
wird auch privaten Gesprächsstoff geben, da wir beide in Göttingen geboren wurden.
Es wird Sie doch sicher interessieren, wie weit inzwischen der Neubau der Uni
vorangegangen ist, wie es heute auf der Weender Str. aussieht. Ich kann mir auch
vorstellen, daß Sie mir von Ihrem Besuch in Amerika erzählen, damit ich später
ein paar Vorkenntnisse habe, wenn ich da mal hin muß. Wer soll es denn sonst
machen? Helmut Schmidt steht nicht mehr zur Verfügung, Onkel Herbert ist ge-
gangen und mit Egon Bahr ist das ja auch so eine Sache, der ist schon vorbelastet.
Mich dagegen kennt noch keiner, ich habe noch keine politische Äußerung getan,
so daß man mir auch nichts negatives nachsagen kann. Nun gut. Alles weitere
können wir dann ja in Bonn besprechen.

Beste Grüße

Erfundene Erfindungen

ALFRED PIEPMEYER   BIELEFELDER STR. 14   45 OSNABRÜCK

Verband Deutscher Sportfischer e. V.
Bahnhofstr. 37
6050 OFFENBACH /M.

12.1.83

Betr.: <u>GLÜHWÜRMCHEN für Angler</u>

Sehr geehrte Damen und Herren,

als passionierter Angler ist man über die Verschmutzung unserer Gewässer besonders verärgert. Wer von uns hat nicht schon erlebt, daß er Tage und Nächte am Gewässer zugebracht hat, ohne auch nur einen einzigen Hecht oder Barsch am Haken zu haben. So ist es manchmal leichter, eine leere Konservendose als einen Karpfen aus dem Wasser zu ziehen.

Die Zeit des Wartens und Verzweifelns ist allerdings auch hervorragend dazu geeignet, sich mit den Ursachen solchen Mißgeschicks auseinanderzusetzen. Sicher steht es nicht in unserer Macht, die verschmutzten Flüsse oder Seen wieder sauber zu bekommen, aber wir können etwas für unsere Selbstzufriedenheit tun. Ich beispielsweise habe in den letzten Monaten erfolgreich GLÜHWÜRMCHEN als Köder verwendet.

Das hat den ungeheuren Vorteil, daß durch das Leuchten dieser Tierchen den Fischen eine optische Hilfe gerade in stark verschmutzten Gewässern gegeben wird. Außerdem ergeben sich ungeahnte Möglichkeiten für unsere Nachtangler. Die Zucht von Glühwürmchen ist überaus einfach und problemlos, so daß ich Überlegungen angestellt habe, mich hauptberuflich dieser Aufgabe zu widmen. Bevor ich nun einen Gebrauchsmusterschutz für meine Erfindung anmelde, möchte ich Sie als Fachmann einmal befragen, ob Sie schon einmal von anderer Seite gehört haben, daß jemand erfolgreich mit diesen Leuchtkörpern gearbeitet hat.

Mit besten Grüßen

A. Piepmeyer

Verband Deutscher Sportfischer e.V.

Verband Deutscher Sportfischer e.V. · Bahnhofstr. 37 · 6050 Offenbach/M.

Herrn
Alfred Piepmeyer

Bielefelder Straße 14

4500 Osnabrück

Geschäftsführung

Mitglied der Confédération Internationale de la Pêche Sportive (CIPS)
Mitglied der International Casting Federation (ICF)
Mitglied des Deutschen Sportbundes (DSB)
Mitglied des Deutschen Fischereiverbandes (DFV)
Mitglied der Arbeitsgemeinschaft für Umweltfragen (AGU)
Mitglied der Vereinigung Deutscher Gewässerschutz (VDG)
Mitglied des Deutschen Naturschutz-Ringes (DNR)
Mitglied des Verbandes zur Förderung
des Naturschutzes und der Landschaftspflege (VNL)
Mitglied der Union Internationale pour la Conservation
de la Nature et de ses Ressources (IUCN)

Ihr Zeichen	Ihr Schreiben	Unser Zeichen	Tag
		Schu/sa	18. Januar 1983

Glühwürmchen für Angler

Sehr geehrter Herr Piepmeyer,

bezugnehmend auf Ihr Schreiben vom 12.1.1983 teilen wir Ihnen mit, daß uns bisher keine Meldungen vorliegen, Glühwürmchen als Angelköder zu verwenden.

Nach unserem Dafürhalten wäre es wohl eher im Sinne des Naturschutzes, die nur noch sehr selten vorkommenden Glühwürmchen in unsere so arg strapazierte Natur zu entlassen.

Mit freundlichen Grüßen
VERBAND DEUTSCHER SPORTFISCHER E.V.

U. Schuller

Winfried Bornemann   4504 Georgsmarienhütte, den 21.6.81
                                          Fillerschloß

Geschäftsführung
DEHOGA
Abt. Autobahnraststätten
Kronprinzenstr. 46
53 BONN 2

Betr.: <u>Cola-und Fanta-Sammelautomat an Raststätten</u>

Sehr geehrte Damen und Herren,
ich habe Ihnen einen bahnbrechenden Vorschlag zu unterbreiten. Er beruht auf
zahlreichen Beobachtungen, die ich an Raststätten entlang der Autobahn gemacht
habe. Lassen Sie mich die Situation schildern.
Volle Reisebusse machen an der Tankstelle Station, um schnell mal aufzutanken. Es
bleibt meist für die Insassen keine Zeit, sich in der Raststätte zu erfrischen.
Dennoch haben die meisten Fahrgäste einen Mordsdurst. Unzufriedene Gesichter
hinter der Scheibe. Nun mein Vorschlag:
Neben den Zapfsäulen für Normal, Super und Diesel wird eine ähnlich aussehende
Zapfsäule für Cola und Fanta (evtl. auch Wasser ohne) installiert. Der Schlauch an
der Säule ist lang genug, um alle Fahrgäste im Bus zu bedienen. Mit dem Zapfhahn
werden alle Insassen je nach Durst abgefüllt. Die Zapfuhr erstellt anschließend eine
Gesamtrechnung wie beim Benzin auch. Sie wird vom Busfahrer komplett bezahlt,
der später im Bus einzeln abkassiert und mit Trinkgeld auch auf seine Rechnung
kommt. Zufriedene Gesichter bei den Fahrgästen, beim Busfahrer und bei Ihnen als
den Betreibern. Ist das nichts? Bitte schreiben Sie mir unverzüglich Ihre Meinung,
damit ich schon bald bei einem Patentanwalt vorstellig werden kann.

                                     Mit besten Grüßen

                                     Winfried Bornemann

DEHOGA

DEUTSCHER HOTEL- UND GASTSTÄTTENVERBAND E. V.
FACHGRUPPE GASTSTÄTTEN UND VERWANDTE BETRIEBE

DEHOGA, Kronprinzenstr. 46, Postfach 200210, 5300 Bonn 2

Herrn
Winfried Bornemann
   Fillerschloß

4504 Georgsmarienhütte

Bad Godesberg
Kronprinzstr. 46
Postfach 200210
5300 Bonn 2
Telefon: (0228) 362016-19
Telegramme: »DEHOGA«
Telex: 885489 hoga d

Ihr Zeichen	Ihre Nachricht	Unser Zeichen	Tag
		II/St	4. März 1982

Sehr geehrter Herr Bornemann,

ich komme auf Ihr Schreiben vom 21.6.1981 und meinen Zwischenbericht vom 30. Juni 1981 zurück.

Der Vorstand unserer Fachabteilung hat sich leider für Ihren Vorschlag nicht erwärmen können.

Das Schaffen der technischen Voraussetzung, um Ihren Vorschlag zu realisieren, steht in keinem Verhältnis zu dem zu erreichenden Zweck.
Es kommt hinzu, daß sich nach unserer Auffassung nicht alles normen und uniformieren läßt. Wir sollten uns die Individualität dort erhalten, wo sie unverzichtbar erscheint.

Wir bitten um Verständnis für unsere Entscheidung und verbleiben

            mit freundlichen Grüßen

            (Dr. Wahl)
            Geschäftsführer

7.3.83

WINFRIED BORNEMANN · FILLERSCHLOSS · 4504 GEORGSMARIENHÜTTE

Geschäftsleitung
Berling Spielzeug
Franklenweg 10
7859 Efringen - Kirchen 5

Keine Antwort!

Betr.: Zwillingspuppen

Sehr geehrte Damen und Herren,

wenn man Kinder hat, so bleibt es nicht aus, daß man auch als reifer Mensch wieder mit Puppen in Berührung kommt. So habe ich bei meinen Kindern wiederholt beobachtet, daß die Puppenmutter sich so sehnlich Zwillinge wünscht. Irgendwie herrscht bei den Kindern das Vorurteil, daß Zwillinge sich immer ähnlich sehen. Keinem Kind kann also dieser sehnliche Wunsch erfüllt werden, weil man immer nur jeweils eine Puppe kauft. Deshalb habe ich eine Marktlücke für Sie als Hersteller entdeckt. Ab sofort werden Puppen im Zweierset als Zwillinge angeboten. Der Umsatz verdoppelt sich, die Kinder sind zufrieden. Werbeslogan: Berling hat sie - die eineiigen Zwillinge für jede Puppenmutter, die etwas auf sich hält. Nun wissen ja auch Sie sehr gut, daß Ideen normalerweise honoriert werden. In diesem Falle würde es mir genügen, wenn Sie meiner Tochter ein paar Puppen aus Ihrem Sortiment übergeben würden.

Mit den besten Grüßen

Aktion Heiermann

Winfried Bornemann   Fillerschloß   4504 Georgsmarienhütte   1.3.83

Herrn
Willy Brandt
Bundeshaus

53 BONN

Sehr geehrter Herr Brandt,

Sie werden mich sicher nicht mehr kennen. Nach einer Wahlveranstaltung der
SPD in der Dortmunder Westfalenhalle habe ich mit Ihnen und anderen Partei-
freunden am Tisch gesessen und über den Abend und die Veranstaltung diskutiert. Vielleicht erinnern Sie sich noch, wie wir über die EG sprachen und
ich mich als Landwirt über den EG Kommissar Haferkamp beschwerte. Das war
ich. Nach diesem gelungenen Abend wollte es das Schicksal, daß ich meine
Geldbörse nicht fand und so meine beiden kleinen Pils nicht bezahlen konnte.
Da waren Sie so nett und haben die Biere aus Ihrer Tasche bezahlt. Sie werden
meinen roten Kopf nicht bemerkt haben. Heute nun möchte ich die Sache wieder
gutmachen und lege Ihnen deshalb einen 5 Mark Schein in diesen Brief.
Es würde mich sehr entlasten, wenn Sie mir bestätigen könnten, daß das Geld bei
Ihnen angekommen ist. Außerdem würde es mich riesig freuen, wenn Sie mir
ein Bild von Ihnen beilegen könnten, worum ich Sie damals aus verständlichen
Gründen nicht mehr bitten mochte.

                    Mit besten Grüßen Ihr Parteifreund

                    Winfried Bornemann

Willy Brandt
PERSÖNLICHES BÜRO

BONN, DEN 22. März 1983
BUNDESHAUS
TEL. 16-2575

Herrn
Winfried Bornemann
Fillerschloß

4504 Georgsmarienhütte

Sehr geehrter Herr Bornemann,

Herr Brandt hat sich über Ihre durchaus unerwartete Spende gefreut und bittet mich, Ihnen mit der beigefügten Autogrammkarte seinen Dank zu sagen.

Mit freundlichem Gruß
gez.: Klaus-H. Rosen
(nach Diktat verreist)

Im Auftrag
M. Sprenger
(M.Sprenger)

Herrn Winfried Bornemann
mit guten Wünschen.
Willy Brandt

Winfried Bornemann
Fillerschloss

25.2.82

Frau
Alice Schwarzer
Kolpingplatz 1 a

5000 KÖLN

Liebe Alice Schwarzer,

eigentlich bin ich von Art, Herkunft und Besitz genau die Art männliches Wesen, gegen die Sie in den letzten Jahren zu Felde gezogen sind...und viel bewirkt haben, das will ich gar nicht leugnen. Auch ich befinde mich zur Zeit in einer Umdenkungsphase mit all den negativen Entzugserscheinungen. Das fehlende Personal und das kesse Auftreten der wenigen weiblichen Angestellten haben mir geradezu die Frage aufgezwungen, ob denn mit mir und meinem Denken wohl noch alles in Ordnung ist. Insgesamt bin ich bescheidener geworden, mein Briefbogen ist nicht mehr so protzig wie früher....und ich bin freigiebiger geworden. Damit Sie auch sehen, daß dies nicht nur hohle Worte sind, habe ich mir erlaubt, diesem Brief ein kleines Scheinchen beizulegen, eigenhändig und bar. Ein kleines Zeichen unverhohlener Sympathie mit Ihnen und Ihren Zielen. Bitte veröffentlichen Sie diesen Brief nicht in Ihrer Zeitschrift, da sonst wohl eine Totalenterbung unausweichlich wäre. Das können Sie ja nicht wollen. Oder?

Mit gleichberechtigten Grüßen

P.S. Höre ich von Ihnen, ob das kleine Sümmchen angekommen ist?
WINFRIED BORNEMANN FILLERSCHLOSS 4504 GEORGSMARIENHÜTTE
Bis zur Beantwortung bleibt der Brief mein Eigentum-Gerichtsstand Osnabrück

Emma Zeitschrift von Frauen für Frauen
Frauen Verlags GmbH, 5000 Köln 1, Kolpingplatz 1a, Telefon 02 21/21 02 82-84

Winfried Bornemann
Fillerschloß
4504 Georgsmarienhütte

Köln, den 16.4.82

Lieber Herr Bornemann,

anbei senden wir die 5 Mark mit Dank zurück. Unsere Antwort hat so lange auf sich warten lassen, weil wir uns einfach nicht darüber einigen konnten, ob wir diese edle Spende nun am besten gewinnbringen in Kommunalobligationen oder in Bundesanleihen anlegen oder ob wir damit in der freien Wirtschaft investieren sollten. Da es in diesem Punkt nach wie vor zu keiner Entscheidung gekommen ist, Sie aber bereits schlaflose Nächte zu haben scheinen, müssen wir nun leider, leider auf die großzügige, uns vor dem sicheren Untergang rettende Summe verzichten.

Mit freundlichen Grüßen

Susanne Aeckerle
Susanne Aeckerle

Anlage: 1 5 Mark-Schein

25.2.82

Herrn
Walter Scheel
Lindenallee 22
5000 KÖLN 51

Sehr geehrter Herr Scheel,

für mich unvergessen sind die Zeiten, wo Sie zusammen mit Willy Brandt in
Bonn die Politik bestimmten. Ein Traumpaar, ich darf es mal so volkstümlich
ausdrücken. Was läuft im Moment? Nullösungen werden angeboten. Da fällt mir
kaum noch der Name des jetzigen Bundespräsidenten ein. Sie ahnen sicher schon, was
ich mit Ihnen vorhabe. Sie müssen wieder ran. Ich habe neulich einer Tageszeitung
entnommen, daß Sie gar nicht so abgeneigt sind. Ich weiß als politisch interessierter
Staatsbürger, daß es nicht allein ausreicht, wenn Sie wollen. Es bedarf der Unterstützung durch möglichst breite Bevölkerungskreise. Wahlkampf muß organisiert
werden, Anzeigen müssen aufgegeben und Plakatwände gemietet werden.
Ich bin dabei. Damit Sie auch sehen, daß dies nicht nur leere Worte sind, habe ich
dem Brief ein kleines Scheinchen beigelegt, eine erste finanzielle Spritze aus des
Volkes Mitte. Vielleicht sind Sie bald wieder Bundespräsident, dann kann ich
wenigstens meinen Kindern erzählen, daß ich auch ein klein es Schärflein dazu
beigetragen habe.
Es würde mich freuen, wenn Sie mir kurz mitteilen würden, ob das Geld bei Ihnen
angekommen ist.

Mit hoffnungsvollen Grüßen

WALTER SCHEEL   Lindenallee 23, 8. März 1982
                           5000 Köln 51

Herrn
Winfried Bornemann
   Fillerschloß

4504 Georgsmarienhütte

Sehr geehrter Herr Bornemann,

haben Sie vielen Dank für Ihren freundlichen Brief
vom 25. Februar 1982.

Die Meldungen in der Presse geben nicht ganz korrekt
wieder, was ich in einem Gespräch mit einem Journalisten
gesagt habe. Ich habe nämlich keine Kandidatur für 1984
angekündigt, sondern im Gespräch sogar abgelehnt. Ich
habe allerdings zugestanden, mich nicht zu verweigern,
wenn dringende politische Gründe dies erfordern.

Den von Ihnen beigefügten Fünfmarkschein werde ich, Ihr
Einverständnis voraussetzend, einer guten Sache zuführen.

Mit freundlichen Grüßen

Aus der Postflut
Reaktionen auf Briefmacken I

„DIE GRÜNSCHNÄBEL"

**Große Kleinblittersdorfer
Karnevalsgesellschaft von 1976 e. V.**

K.G. „Die Grünschnäbel" e.V. - Rebenhof - 6601 Kleinblittersdorf 1

Herrn
Winfried Bornemann
Am Sillers Schloß 47

4504 GEORGSMARIENHÜTTE

Mitglied im Bund Deutscher Karneval
und im
Verband Saarl. Karnevalsvereine e.V.
Patengesellschaft der „Zigeunerinsel"
Stuttgart
Volksbank Dudweiler
(BLZ 590 920 00) Konto Nr. 10 178 111
Kreissparkasse Saarbrücken
(BLZ 590 502 10) Konto Nr. 27-026-111

Tag: 11.03.82

Sehr geehrter Herr Bornemann,

über den Bericht im " Stern " haben wir sehr
geschmunzelt.
Wir, das sind die sieben Grünschnäbel, die
kleinste Karnevalsgesellschaft Europas.
Am Samstag, dem 31.Juli 1983 werden wir in
Kleinblittersdorf/ Saar einen neuen Staat
ausrufen. Dieser Staat hat u.a. auch eine
Universität.
Auf Grund des o.a. Berichtes, glauben wir, daß
Sie der richtige Mann sind, um an unserer Uni
tätig zu sein.
Wir bieten Ihnen daher den Lehrstuhl für
Unsinn, Ulk und Humor an.

Bitte lassen Sie uns dazu Ihre Gedanken
zukommen.
Gerne erwarten wir Ihre Antwort, und verbleiben

mit einem freundlichen Gruß

Neusius

Anlage :

Kleinste Karnevalsgesellschaft Europas

„Stiftung Spazierengehen" e.V.

Gründer: Dr. Georg von Opel (1963)

„Stiftung Spazierengehen" e.V. · Postfach 10 · 6719 Weisenheim am Berg

Herrn
Winfried Bornemann
  Fillerschloß

4504 Georgsmarienhütte

☎ (0 63 53) 84 09
6719 Weisenheim am Berg

19.Februar 1982

Sehr geehrter Herr Bornemann,

wieder so eine Werbesendung einer Briefmarken-Versandfirma, die sich in mir hinter der Bezeichnung Geschäftsführerin eine betuchte und sammelfreudige Neukundin erhofft, dachte ich beim ersten flüchtigen Blick auf das mir zugeschickte postgelbe Buch. Der zweite Blick ließ mich aber schnell erkennen, daß die 'Briefmacken' sich in ganz besonderer Weise aus der üblichen Alltagspost hervorhoben. Natürlich habe ich im Juni '81 nicht im Traum daran gedacht, daß sich hinter der (von uns ernst genommenen) Spazierstock-Affäre nicht ein um seine Gesundheit bedachter Rentner, sondern vielmehr ein sehr hellhöriges, humoriges Schlitzohr verbarg!

Nachdem ich Ihre Briefe samt Antworten mit großem Vergnügen buchstäblich an einem Stück verschlungen habe (ähnlich wie Sie die Spachtelmasse), scheint es mir, daß Sie absolut keinen spitzen Spazierstock zur Abwehr nötig haben, da Sie von der Natur mit Schlagfertigkeit, spitzer Zunge und Geistesblitzen bestens ausgerüstet sind. Wir gratulieren Ihnen zu dieser köstlichen Idee, bedanken uns herzlich für das Buch und hoffen, daß es den gewünschten (Nonsens-) Erfolg hat.

Für den Fall, daß Sie diese Serie Ihrer vordergründig naiven, hintergründig scharfsinnigen und treffenden Briefanschläge fortzusetzen gedenken, empfehlen wir, zuvor einen kräftigen Schluck der beigelegten Pfälzer SCHEU-Rebe zu probieren, die mildernde Umstände für die ahnungslosen Opfer erhoffen läßt. Sollten Sie wider Erwarten diesen Wein zum Weinen finden, lassen Sie ruhig Ihren Tränen in einem passenden Brief in die Pfalz ihren Lauf.

Auf neue 'Briefmacken' freut sich schon heute Ihre nun überzeugte Sammlerin,

⊠ mit besonders freundlichen Grüßen

[Unterschrift]

PS: Gruß an Arthur. Recht hat er : Gehn ist Spitze !

Unsere Stiftung ist mit Bescheid des Finanzamtes Frankenthal/Pfalz als GEMEINNÜTZIG im Sinne des § 4 Absatz 1 Ziffer 6 KStG ane

Geschäftsführender Vorstand:	Carlo v. OPEL, Elke Eisheuer, Doris Geisert, Siegfried Perrey, Bernd Kannenberg	Beiratsmitglieder: Rudolf Müller, Heinz Schumann

Konten: Volksbank Bad Dürkheim (BLZ 54691200) Nr. 788007
Postscheckamt Frankfurt (BLZ 500 100 60) Nr. 2614 40-609

ALFRED WEGENER INSTITUT FÜR POLARFORSCHUNG
Columbus-Center
D-2850 Bremerhaven

Herrn
W. Bornemann
Am Fillerschloß 47
D-4504 Georgsmarrenhütte

**Lufthansa
First Class Senator Service**

Auf dem Flug / On the flight / En el vuelo   26. 12. 82

von/from/de   nach/to/a

zwischen Südgeorgien und der Antarktis:

Lieber Herr Bornemann,

zu Weihnachten zwischen Südgeorgien und der Antarktis habe ich
den Expeditionskameraden einige Ihrer
köstlichen Briefmarken vorgelesen. Wir
hatten köstlichen Spaß dabei. Ich
wünsche Ihnen, daß Ihr Einfalls-
reichtum und Ihr Elan im Briefe-
schreiben Sie so bald nicht verlassen.

Mit herzlichem Gruß

H. Kohnen

Dr. H. Kohnen
Exp.-Leiter

GEORG von NEUMAYER - STATION

Dr. Edmund F. Dräcker

ERZGLIED im ORDEN DER RUHENDEN GLIEDER

Postfach
5300 Bonn

12 9 1982

Herrn

Winfried B o r n e m a n n

```
Seit 40 Jahren dient er dem
Vaterland zwischen
New Delhi und New York,
und dabei hat der
Geheimrat Draecker eine
der erstaunlichsten
Karrieren im Auswärtigen
Dienst absolviert

aus : STERN
Wer steckt dahinter ?
```

Am Fillerschloss

4504 GMH

Sehr geehrter Herr B o r n e m a n n,
ein guter Freund von mir, der Herr Bundestagsabgeordnete Mierscheid,
hat mich darauf hingewiesen, dass Sie in beachtlicher Weise in das deutsche Literaturgeschehen eingegriffen haben. Dafür sei Ihnen Dank gesagt.
   Auch stehen Sie fest in einer Tradition, die schon der allseits hoch-
verehrte Herr Reichsgründer begründet hat, wohl wissend, was es bedeute + mich
Traditionen zu begründen.
   Da der Reichsgründer die "Reichsmacken" sorgsam sammeln li
-so etwas erledigte er selten selbst-wurde die damalige Reichsbank
als "Macken-Sammel-Stelle" eingerichtet. Sorgfältig, wie die Leitung die
Abteilung VI der Reichsbank nun einmal war, wurde die jeweilige Macke
mit einem Stichwort und dem (geschätzten)Wert rubri- und sonst vielfält
--ziert.
   Seine Majestät Kaiser Wilhelm der Zweite übernahme die Fortfüh-
rung dieser Arbeit, auch insoweit wollte er dem Reichsgründer nicht na
stehen, Majestät hatte mir sogar den Rang eines Obristen à la Suite der
Cavallerie verliehen und eine Uniform für speziell entwerfen lassen. De-
artige Dinge erledigte auch er nur selten persönlich.
   In der Republik nahm mich der alte Meissner in seine
hut, Hermann Göring schliesslich bot mir die Ernennung zum "Reichsmack
meister" und ein im Grundbuch Schorfheide eingetragenes Wohnrecht auf
Lebenszeit an. Die Uniform Seiner Majestät behielt er bei, verzierte si
lediglich mit zwei gekreuzten Posthörnern, die auch Ihnen später zu de
ken geben sollten.
   Ich möchte meine türkische Sekretärin nicht überfordern,--di
deutsche hat bereits unter Anwendungs der sog. gleitenden Arbeitszeit
den Arbeitsplatz verlassen--, ich möchte daher dieses Lebenszeichen an
Sie beenden.
   Aus meinem Arbeitsgerät bei der Reichsbank darf ich Ihnen einen An-
hänger überreichen, wie er seinerzeit für die Übersendung der Reichsmac
benutzt wurde. Heute arbeitet Honeywell an einem Computer, der derartige
menschenunwürdige Tätigkeiten ausführen wird. So wird, wie man sieht, üb
alle das Äusserste aufgeboten, um in dem Wettlauf um die meisten Arbei
losen edlich auch ein deutsches Wunder zu erreichen.
   In vorzüglicher Hochachtung
                      stets Ihr

MAFIA INTERNATIONAL CORPORATION ORGANISATION Ltd.		N. Y.	DISTR. Q817
HEADQUARTERS:	CHICAGO U.S.A.	PALERMO	SICILIA
Deutsche Außenstelle	Georgstr. 24 - (29)	Oldenburg	0441 - 504339

Herrn/~~Sign~~/Mrx
~~Frau/Signa/Mrex~~
Briefmacken
Winfried Bornemann

<u>4504 Georgsmarienhütte</u>
Am Fillerschloß 47

Aktion "Neues Mitglied
lebt länger"

Ihr Zeichen	Ihr Schreiben vom	Mein Zeichen	Datum
-----	-----	N11	13.1.1983

<u>Betr.: Werbung "Neue Mitglieder"</u>

Lieber 'Borni' !

Sicher wirst Du Dich freuen zu hören, daß Du von nun ab unter
unserem besonderen Schutz stehst. Es wird weiter für Dich einen reizvollen Kontrast darstellen, einmal nicht in der akti-
ven Rolle des Briefschreibers, sondern der passive, angeschrie
bene Teil zu sein.

Das ist überdies nur zu logisch, denn die Metamorphose Deiner
Aktivitäten vom Imateriellen ins Materielle (z.B. Bd 1 Briefmacken) hat unseren PATE -der im übrigen aufstrebenden Unterneh
mergeist gerade in diesen Zeiten außerordentlich schätzt- auf
Dich aufmerksam gemacht.

So möchten wir uns erlauben, mit diesem offiziellen Schreiben
unseren Mitarbeiter Guntero Nullarini bei Dir einzuführen. Er
ist einer unserer besten, härtesten, brutalsten und zuverläs-
sigsten Außendienstagenten, der Dir und Deinen geistigen Un -
ternehmungen (Ronald hatte recht:"Heutzutage läßt sich alles
veröffentlichen!") unsere Dienste von nun an anzubieten. Urhe-
berrechte, wie sie durch die geschwärzten Passagen in Briefmacken auffallen, geraten unter der Schirmherrschaft des Pa-
ten zur Farce (Dein Vorteil!).

-b.w.-

Banco Pirata, Catania, Nro. 1234567; Chase Robbery Bank Midlans N.Y.
Kunden-Kredit-Gauner Bank, Nr. 01-283764,BLZ 28044422 Oldenburg (Old)
Telex   pal-123maf(Italien); nwy-456maf(USA);old-789maf (Deutschland)

Dem Umfang Deiner geschäftlichen Betätigungen angemessen,
dachte der Pate -quasi als humoristischen Bonus nur für
Dich- an eine einmalige Zahlung:

    1 handsigniertes Buch
    des Meisters Bornemann vom Bd 2
               !

Damit bist Du für die nächsten 2 Jahre 'Aus dem Schneider
- und zwar ab Eingang des Buches!
- innerhalb einer 2-Monatsfrist !

Wir sind sicher, daß es besser ist, wenn Du den Gegenwert
für die Beschützerdienste umgehend leistest, damit Deiner
OPERATIVEN HEKTIK am deutschen Büchermarkt -wo Stilblüten
wie Du d i e Marktlücke sind- nicht GEISTIGE WINDSTILLE
folgt (Dein Nachteil!)

                mit angenehmen Grüßen des Paten

          A.H.Stanton   Capitano Lassagna   G.Nolvarini
          (Vicepräsident)   (Geschäftsführer)   (Evolutius)

Motto des Tages:

"Einen Vergelt's-
Gott-Tarif gibt
es nur im Himmel"
(Arbeitsminister
Norbert Blüm)

Gesamthochschule

Fernuniversität Gesamthochschule, Postfach 940, D 5800 Hagen	**Fachbereich Erziehungs- und Sozialwissenschaften**
Herrn	–Dr. Klaus Hage–
Winfried Bornemann	Mein Aktenzeichen –/Hg.
Am Fillerschloß 47	Auskunft erteilt
4504 Georgsmarienhütte	Telefon - Durchwahl (02331) 804 2982
	Dienstgebäude Feithstraße 140
	5800 Hagen, den 9.3.1981

Inanspruchnahme öffentlicher Arbeitszeit
Regreß

Sehr geehrter Herr Bornemann,

der Briefstil einiger Mitarbeiter unseres Hauses erscheint mir
verbesserungsnotwendig. Behufe diesen Zweckes beschaffte ich mir
irrtümlich Ihr Werk "Briefmacken", das ich trotz des Druckfehlers
im Titel für ein Lehrwerk des Briefstellens hielt (Sie sollen ja
sogar Lehrer sein!).

Ich muß schon sagen, ich bin einer böswilligen Irreführung aufge-
sessen. Sind Sie ernsthaft der Meinung, Ihr Briefwechsel könne als
Vorbild rechten Briefeschreibens gelten?

Ich mußte sogar feststellen, daß dieses Machwerk einige unserer
Mitarbeiter geschlagene 2 (zwei) Stunden, 13 (dreizehn) Minuten und
21 (einsundzwanzig) Sekunden von ihrer ansonsten sehr seriösen
wissenschaftlichen Arbeit fernhielt (was nicht konstitutiv für
die FERNuniversität ist).

Da Sie somit den öffentlichen Arbeitgeber um die ihm zustehende
Arbeitszeitdienstleistung geschädigt haben, werden wir Ihnen ggfls.
zur Vermeidung weiterer Gehaltskürzungen diese Arbeitszeit in Rechnung
stellen:

```
1 Arbeitsstunde A13     DM  25.-
1    -"-        BATIIa  DM  25.-
2    -"-        BAT V   DM  30.-
entgangene
    Erholungspausen     DM   0.25

                        DM  80.25 x 2h13'21"  =  DM 178.355625
```

ersatzweise sind wir auch einverstanden mit einem Brief an die
Hochschulleitung (den Gründungsrektor) der FernUniversität,dessen
Kopie Unterzeichneten zur Verfügung stehen sollte. Vielleicht ist
der GR an der wissenschaftlichen Begleitung einer Familiengründung
interessiert?

/2

- 2 - (Bornemann)

Bis zu einer Antwort verbleibe ich mit

freundlichen Grüßen
in Hagen

Ihr

Klas Hage

Platz für Notizen:

1/4 Mett
20 Bellos
Filtertüten
Rasierschaum
Glas Marmelade (Hagebutten)
Kopfschmerztabletten

20 Uhr Birgit wecken!

X Mit freundlichem Gruß
O Hochachtungsvoll

D. Bornemann

Vertraulich

Liebe Leser,

gerade mache ich das Layout für dieses Buch, komme an auf S. 120 und stelle fest, daß ich mit Gott und der Welt korrespondiere – da fehlt doch nur noch der Brief an Euch.

Die Zuschriften auf meine Briefmarken! haben mir riesig Spaß gemacht. Das laßt uns wiederholen. Deshalb mein Angebot: Wer mir schreibt und Rückporto beilegt, bekommt von mir das Antwortschreiben zum Brief an Wallraff (siehe rechte Seite) und eine kleine Nettigkeit. Jeder kriegt persönlich Antwort. Großes Ehrenwort.

Nun muß ich aber Schluß machen; es ist kurz nach Mitternacht und dieser Brief muß noch schnell in den Kasten.

Bis bald Euer
W. Bornemann

15.3.83

Winfried Bornemann

Herrn
Günter Wallraff
Thebäerstr. 20
5 KÖLN 30

Lieber Günter Wallraff,

es gibt nette Leute, die behaupten, wir hätten ein paar Gemeinsamkeiten. Ich schreibe Briefe an Firmen, Institutionen und Menschen in der Hoffnung, daß Sie mir auf meinen Unsinn eine ernste und entlarvende Antwort geben. Das hat nur am Rande mit Politik zu tun. Vielleicht ist der Hang zum Unsinn aber immer in der Nähe des Galgenhumors zu suchen. Gemeinsamkeiten zwischen uns sehe ich aber d in, daß wir immer wieder aufpassen müssen, nicht erkannt zu werden. In meinem Falle war dann zwar nur das Porto vergebens, weil keine Antwort eintrudelt, während bei Ihnen viel mehr auf dem Spiel steht, aber ärgerlich ist es in beiden Fällen. Sie werden es mir deshalb nicht verübeln, daß ich bei dem Meister der perfekten Tarnung mal anfragen möchte, ob er mir mal ein paar kleine Tips zustecken möchte. Welches Pseudonym beispielsweise stände mir denn gut zu Gesicht?

Mit besten Grüßen

WINFRIED BORNEMANN   FILLERSCHLOSS   4504 GEORGSMARIENHÜTTE

Zugaben...

WINFRIED BORNEMANN
FILLERSCHLOSS
4504 GEORGSMARIENHÜTTE

Stabilisierungsfond für Wein   5.3.83
z. Hd. Herrn Dr. Michel
Gutenbergplatz 3-5

65 M A I N Z

Betr.: <u>Wein für Diabetiker</u>

Sehr geehrte Damen und Herren,

ich habe es am Magen. Aus diesem Grunde hat mir der Arzt auferlegt, eine
strenge Diät einzuhalten. Für einen alten Weintrinker wie mich eine schmerz-
hafte Tatsache. Man sucht nach Auswegen. Deshalb meine Frage an Sie.
Gibt es bereits deutsche Weine, die mit Natreen gesüßt sind?

                                    Mit besten Grüßen

                                    Winfried Bornemann

Wenn Sie von mir am selben Tage mehrere Briefe erhalten, so ist dies eine Folge
der maschinellen Postverarbeitung. Ein Aussortieren von Hand wäre teurer als
mehrfaches Porto.

STABILISIERUNGSFONDS FÜR WEIN
Anstalt des öffentlichen Rechts
DER VORSTAND

6500 MAINZ 11.03.1983
Haus des deutschen Weines
Gutenbergplatz 3-5, Postfach 3860
Telefon (06131) 2 00 78 / 9
Telegramm-Anschrift Weinfonds Mainz
Telex 4 187 555 wein d
Neue Telefon-Nummer
(0 61 31) 1 40 71

Herrn
Winfried Bornemann
Fillerschloß

4504 Georgsmarienhütte

Dr.Mi./kl

Betr.: Wein für Diabetiker

Sehr geehrter Herr Bornemann,

alle für Diabetiker geeigneten Weine sind mit dem DLG Weinsiegel für trockene Weine (gelb) und zusätzlich mit einem Rückenetikett mit Analyse ausgestattet. Diabetikerweine haben keinen oder äußerst geringen Gehalt an unvergorenem Zucker und sind daher zwangsläufig herb. Die Süßung von deutschen Weinen mit Zuckerersatzstoffen ist verboten. Leider können Sie daher keinen Wein ohne unvergorenen Zucker finden, der gleichwohl süß schmeckt. Niemand kann Ihnen aber verwehren, die Süßung selber vorzunehmen, wenn sie aus medizinischen Gründen erforderlich ist.

Mit freundlichen Grüßen

(Dr.F.W.Michel)   (RA.C.M.Baumann)

ALFRED PIEPMEYER   BIELEFELDER STR. 14   45 OSNABRÜCK

Gesellschaft für
RATIONELLE ENERGIEVERWENDUNG
Theodor Heuss Platz 7
1000 BERLIN 19

12.1.83

Betr.: <u>Heizwert von Kohlepapier</u>

Sehr geehrte Damen und Herren,

Ihnen brauch ich ja nicht zu erzählen, daß man sich in Zeiten gestiegener Heizölpreise Gedanken darüber macht, wie man möglichst billig und warm über den Winter kommt. Ich habe neulich beim Aufräumen des Dachbodens größere Mengen von Kohlepapier entdeckt, die mein Vater als Inhaber eines Schreibwarengeschäftes dort kurz nach dem Kriege als stille Reserve abgelegt hat. Diese Pakete sind in Zeiten billiger alternativer Heizquellen in Vergessenheit geraten, bis sie von mir wieder neu entdeckt wurden. Es ist klar, daß ich sie endlich ihrem eigentlichen Zweck zuführen möchte.
Deshalb meine Bitte: Können Sie mir etwas genauere Angaben machen über den Heizwert dieses Kohlepapiers? 1000 Bogen haben ein Gewicht von 2354 g.
Ich bitte um baldige Antwort, denn der Winter ist bereits in vollem Gange.

Mit freundlichem Gruß

A. Piepmeyer

Gesellschaft für Rationelle Energieverwendung e.V.

Wärmeschutz · Energiesparsysteme

Gesellschaft für Rationelle Energieverwendung e.V.
Theodor-Heuss-Platz 7 · 1000 Berlin 19

Herrn
Alfred Piepmeyer
Bielefelder Str. 14

4500 Osnabrück

Theodor-Heuss-Platz 7
1000 Berlin 19
Telefon (030) 30 15 64 44
Telex 18 29 44 azu d
Postscheck 30 81-100 Berlin-West
Berliner Volksbank (West) eG
BLZ 100 900 00 Konto-Nr.: 17 02 89 87

Ihre Zeichen	Ihre Nachricht	Unsere Zeichen	Datum
	12.1.1983	je	25.1.1983

Sehr geehrter Herr Piepmeyer,

Über den Heizwert Ihres Kohlepapiers können wir keine Angaben machen – sicherlich gibt es da auch unterschiedliche Sorten. Da Sie daran denken, größere Mengen von solchem Kohlepapier zu verheizen, bleiben einige Fragen offen:

- in welchem Ofen bzw. in was für einem Wärmeerzeuger soll das Papier verbrannt werden (geht das überhaupt)

- mit welchen Rückstandsmengen verbrennt das Kohlepapier (stehen Aufwand und Nutzen in vertretbarem Zusammenhang zueinander)

- welche Abgase entstehen, führt die Verbennung zu Belästigungen oder gar zu Beeinträchtigungen der Nachbarschaft?

Insbesondere der letzte Punkt sollte wegen allgemeinen Interesses bedacht werden, denn rationelle Energieverwendung kann nicht heißen, lediglich den eigenen Geldbeutel tunlichst zu schonen.

Mit freundlichen Grüßen

i. A.
(Rainer Jessen)

Merkblatt-Serie
(z.Zt. ca. 20 Einzelblätter)
Schutzgebühr 3,— DM
Versand gegen Voreinsendung
in Briefmarken

Kaffee HAG
Rigaer Straße
28 BREMEN 1

23.2.82

Winfried Bornemann
Fillerschloss

Betr.: Beratung

Sehr geehrte Damen und Herren,

ich will es kurz machen. Ich lebe seit einigen Wochen getrennt und habe mir eine Kaffeemaschine besorgt. Nachdem ordnungsgemäß der Filter eingelegt ist, fülle ich die Kaffeebohnen nach. Jetzt kommt das Wasser in den Trichter (3 Tassen) und die Maschine wird angestellt. Ich kann beobachten, wie das Wasser sich erhitzt und von oben über die Kaffeebohnen läuft. Dennoch: in der Kaffeekanne sammelt sich fast klares Wasser. Liegt es evtl. an der Filtertütensorte? Muß das Papier vielleicht poröser sein, damit die Bohnen besser durchpassen. Ich finde es auch komisch, wenn ich mit der Maschine wieder in das Geschäft gehe, man macht sich wahrscheinlich über mich lustig. Es muß nur eine ganze Kleinigkeit sein. Ich bin sicher, daß Sie mir als Kaffeespezialist da sicher weiterhelfen können.

Mit besten Grüßen

HAG GF VERTRIEBS GMBH & CO OHG

Herrn
Winfried Bornemann
   Fillerschloß

4504 Georgsmarienhütte

Hei/SN (VS)
26.02.1982
Tel.: 0421 / 38 95 423

Sehr geehrter Herr Bornemann!

Besten Dank für Ihr Schreiben vom 23.02.1982.

Sie haben Probleme mit Ihrer Kaffeemaschine, aber wie Sie schon
ganz richtig vermuten, kann es sich nur um eine Kleinigkeit handeln.

Nach Ihrer Schilderung schütten Sie "ganze" Kaffeebohnen in Ihre
Kaffeemaschine. Das Ergebnis ist heißes klares Wasser, aber keine
heiße Tasse Kaffee.

Sie müssen vor dem Brühvorgang den Kaffee mahlen bzw. gemahlenen
Kaffee kaufen und in die Kaffeemaschine geben, keinesfalls Bohnen-
ware. Erst dann erhalten Sie - und das ist mit jeder Kaffeemaschine
so - eine heiße Tasse Kaffee.

Wir sind sicher, Ihnen bei Ihrem Problem geholfen zu haben, und
ganz besonders, wenn Sie die Produkte unseres Hauses Kaffee HAG
und ONKO Kaffee verwenden, die bereits filterfein gemahlen im
Lebensmittel-Einzelhandel angeboten werden und gerade auch für
Ihre Kaffeemaschine eine vorzügliche Tasse Kaffee garantieren.

Mit freundlichen Grüßen
HAG GF VERTRIEBS GMBH & CO OHG

Heineke
Firmenanschrift:
HAG GF Vertriebs GmbH & Co OHG
Postfach 10 79 40
Rigaer Straße
D-2800 Bremen 1
Telefon (04 21) 38 95-1
Telefax (04 21) 38 95 666
Telex 02 45 493
Registergericht Bremen HRA 18465

Nickeleit
Gesellschafter:
HAG GF Aktiengesellschaft
Sitz: Bremen
Vorstand:
James B. Stone (Vorsitzender)
Dr. Hans Garloff
Hans-Jürgen Hartzel
Uwe Karsten
Frederick J. Miller
Dr. Rolf Oßenbrügge
Milo A. Smith

Vorsitzender des Aufsichtsrats:
Dr. Gerhard Sieber
Registergericht Bremen HRB 8609

HAG GF Vertriebs GmbH
Sitz: Bremen
Geschäftsführer:
Uwe Karsten
Bernd Zurstiege
Hans-Jürgen Wäsch
Registergericht Bremen HRB

𝔚infried 𝔅ornemann

Bundesnachrichtendienst
Heilmannstr. 33
8023 PULLACH

15.3.83

Sehr geehrte Damen und Herren,

in diesem Falle geht es mal ausnahmsweise nicht um Spionage. Ich habe mit einem Freund gewettet, der behauptet, daß Sie generell auf keinen Brief antworten. Wörtlich hat er gesagt: "Wetten, daß Du vom BND keine Antwort erhälst?" Ich habe 50 DM dagegengesetzt in der festen Zuversicht, daß bei Ihnen auch nur Menschen sitzen, die mich doch nicht hängen lassen. Ich werde meinem Freund natürlich nicht erzählen, daß ich gleich das Rückporto beigelegt habe, so daß Sie nicht einmal an die Briefmarkenkasse müssen. "Schöne Grüße vom BND" reichen völlig aus oder etwas ähnlich NETTES. Sie werden doch einen schlichten Staatsbürger nicht hängen lassen.

Hoffentlich beste Nachrichten aus München

[Unterschrift]

WINFRIED BORNEMANN   FILLERSCHLOSS   4504 GEORGSMARIENHÜTTE